七字仔詩

許極燉 ── 著

細說
台灣史

目　錄

請大家來讀這本「七字仔詩細說台灣史」

李鴻禧

　　許極燉先生佮我像款是 1967 年公費留學生，也同齊考入日本國立東京大學大學院，伊去讀文學院東洋史研究所博士班。彼此相識已經近半世紀了。

　　在我的印象中，極燉兄一向真勢讀冊，做代誌也真認真，研究思考問題細膩頂真，淵博的學問和流利口才，使伊論政評事、月旦人物，以及紹述歷史、提倡台語，總是入木三分令人欽佩。東洋史研究所治學嚴謹，專攻日本、台灣近代史，更加著愛面對非常的考驗，伊會得寫出優秀論文，得通在日本名門明治大學教冊，可見史學研究底柢真深。

　　事實上，以後我佮知影極燉兄對台灣語文，研究也真久長真有成果，也得到不少台灣語文大師王育德博士的真傳。伊所寫的台灣語文著書，可說著作等身，不是一般自稱台語專家所容易比並的。在 2010 年我在無意中，讀到伊改寫鹿耳門漁夫編著的「台灣白話史詩」的一部分，才知伊對台灣中下階層所愛的「台灣七字仔白話詩」也有相當研究。尤其對錯綜複雜，生澀不容易瞭解的台灣四百年史，會得通用淺白台語，簡單明瞭作正確有系統解說介紹。互人呵咾欽佩。

　　極燉兄雖已年近八十腳兜，最近仍用真濟時間、費盡心神，春蠶吐絲、田螺過冬；匯集伊的台灣史學、台灣語文學和台灣七字仔白話詩的學問知識，以熱愛台灣的心情，寫完「七字仔詩細說台灣史」新冊。互我讀了深深感動，不忍釋卷。

　　無想着，前無若久，極燉兄寫批信來，囑託我為伊這本新冊寫序。我感覺這是真大的光榮，卻其更加感覺惶恐不敢當。雖然，我規世人攏愛讀歷史，對台灣語文也自細漢道有趣味，加減有下過功夫研究；同時自青少年時代就愛蒐買台中瑞成書局的七字仔歌仔冊。實際上，對這的部分研究卻無夠深入；極加差不多是「半通師」爾爾，那敢替這本冊寫

序。不過，想講彼此是久長老朋友，不知按怎去提辭。終歸尾才想起不如來寫我讀這本冊的心得，用這來推荐讀者趕緊來閱讀、推廣這本冊，也是一個好步數、好想法。

這本冊有真濟真深的意義，其中較重要的，有：

一、作者強調，大戰前台灣被日本殖民統治，戰後又被國民黨政權接管。這一百多年來，台灣在外來統治者主導歷史文化之背景下，台灣歷史被嚴重扭曲變造。咱台灣若要建立在國際社會上有主體性國家，就要先建立有主體性之本土文化，也就要客觀真實地由台灣人寫自己的歷史。

二、就歷史學來講，這本冊雖然祇有二十篇一百二十首七字仔白話詩；但在簡單、明瞭、通俗、親切之詩文中紹述台灣四百年歷史，臧否外來政權政治之優劣，月旦外來統治人物之良窳時；不但時序系列條理明晰、斟酌細膩，客觀冷靜地尋稽其真誠正確；而且，其中有不少在其他史書上，不容易看到的歷史代誌；尤其在必要時，對相關史料會附詳細的註解。全書體系完整、內容豐富，實在真難得。

三、本書使用現用已漸漸流失的台灣"七字仔歌仔冊"白話詩體例寫作，在挽救台灣語文文化上，意義重大深遠。在日治時代推展現代教育前，多數台灣人識字無深，以七字仔押韻的歌仔冊白話詩，來使用、享受語言文字之美，是台灣語文文化真重要基礎，也是當時社會中下普羅階層的最愛。本書作者在苦心謀求復興七字仔白話詩台灣語文文化同時，專工逐字用羅馬字母注音，希望對台語較青疏的青少年人或中年人也能利用讀這本冊時，正確讀出台語文，一石兩鳥，互人讚賞不已。

極燉兄這二、三十年，在日本、台灣、乃至美國四界奔走，講授台灣語文，弘揚台灣文化。伊如今已年逾古稀仍不懈怠。我在此祝福伊老康健，會得通看台灣語文逐漸文藝復興。

自 序

　　我有一個夢，用家己的母語（福佬話）寫台灣的歷史，這也是我的 Life Work（畢生的事業工作），即條路有夠坎碣(kam kiat)。

　　現在 21 世紀了，但是，大多數的台灣人，連大學教授對家己的母語，嬒曉讀，ma嬒曉寫，是諷刺？悲哀？可嘆？無奈！

　　百冬前，台灣的社會時行一種用白話口語七字一句有押韻的「七字仔(chitri-a)」寫的歌仔冊。提供一般人認讀漢字兼娛樂。所謂歌仔毋(m)是歌詞，是有押韻，內容、文句通俗、好讀、好記，真心適。

　　在研究台語的過程中，接觸歌仔冊，真正會入迷。歌仔冊攏用台語寫，但是，台語白話音有 2～3 成無正確的漢字，卻硬將漢字準做音標用，只顧字音而無管字義，造成台語文有〝牛頭馬嘴〞的現象。即款情形，目前佫較(kah)嚴重，不只亂使套用漢字的台語讀音，亦動員北京讀音亂舞一場；電視、報紙、歌詞互汝看兮霧 sasa。

　　我無自量力真貪心，研究歷史，又佫欲(veh)研究語言。五十年代著(di/在)歷史系學歷史，八十年代投入台語的世界。由來有自，講來話頭長；二次大戰末期，台灣人走空襲時期，讀小學四年，學校休業，序大人（父親）教我讀《千金譜》、《千字文》，冊攏是用漢字寫兮(e)，攏用台語讀。千字文用文言音讀，而千金譜用白話音讀，有真濟字就是看無，因為毋是（口語）本（正）字。

　　台語運用漢字用心良苦有智慧，參日本人學漢字有「異曲同工」的妙趣。日語漢字音有「音讀」（模仿中國的京音）佮「訓讀」（翻訳的讀音），而音讀又因時代無共(qang)主要有「吳音」（東吳六朝）佮「漢音」（長安音）。台語共款，有白話音（吳音系）佮文言音（唐音系）兩種文白異讀，這是上基本的底。

　　八十年代著(di)東京參台灣學者朋友成立「台灣學術研究會」後，我就利用會刊發表研究台語的心得。二千年，台灣母語教學開始以後，又佫組成《日本台灣語言文化協會》推動台語文化。

　　九十年代，我開始會得通自由回國，在台南南鯤鯓擔任講座時，參鹿耳門漁夫熟似。當時伊自費印七字仔寫的《台江詩刊》有送我。後來伊出版《台灣白話史詩》冊內有我的序文。七、八年前伊接受我的意見，將《史詩》的一部分改寫做讀本，我執筆，伊出錢出冊。以來，我一

直掛意欲寫一本「完整」的七字仔詩台灣史，就是即本冊。

　　寫即本冊的準備工程，毋但(m na:不只)費時曠日，其實亦累積了一寡研究的成果。1994 年出版一本編譯的《台灣近代化秘史》，兩年後出版《台灣近代發展史》(650 頁)。台語方面，1988 出版《台灣話流浪記》，兩年後出《台灣語概論》(450 頁)，佫兩冬出《常用漢字台語讀音詞典》，以後佫有出冊。即寡著述，雖然無夠成熟，料想用來做底編寫即本冊，應該膾傷(siuⁿ)離譜。

　　即本《七字仔詩細説台灣史》，是用七字一句押韻的口語韻文來表現台灣的歷史事象。一句詩表現一件歷史事象，無法度描寫完整清楚，即個問題就用〝註解〞詳細説明來補救，所以「註解」正是「細説」歷史的〝操盤手〞。

　　讀台語既是無容易，讀台語詩敢(qam)講無 kah 困難？無一定，因為七字仔詩攏是白話口語的詩，足好理解。而且，台語久長以來就有用羅馬字做〝配套〞。羅馬字有幾仔式(system)，雖然互相有淡薄仔出入，卻無大礙。久長以來研究台語當然有參羅馬字交陪過，亦有考案出一套羅馬字採用 di 即本冊裡。每一句詩的每一字攏有用羅馬字注讀音，無漢字者用羅馬字表記。羅馬字母 26 字無全部用，有淡薄仔羅馬字 ABC 的智識者，保領真緊就會曉。另外每句詩攏有翻做中文。按爾，詩句的讀法有注音，理解有翻譯，掌握歷史事象猶佫有註解通(tang)好偎靠。

　　四百冬來的台灣史，是先民歷盡千辛萬苦渡過烏水溝來參原住民流汗、流目屎，流血水所交織出來的「苦悶」的哀史。過去，無論是荷蘭或是鄭氏三代只顧「反清復明」無心真正 dua (在)台灣「開國立家」。滿清二百外冬是「統而不治」，三年官兩年滿，放牛食草。日本為着欲互金雞母生金雞卵，用心經營台灣 50 冬，無疑誤國民黨來以後亂舞一場，台灣變成一座人間地獄。

　　血淚詩史寫到 tsia（這裡）告一段落。總是用母語寫台灣史，即本冊旨在拋磚引玉，期待緊（快）有第二本出現。

2015.9.20　於東京　許極燉　謹識

平埔族迎親(結婚)圖,男女結婚稱為「牽手」
(女去娶男,母系社會)

山地原住民打獵為生,個個是壯士

荷蘭人登陸澎湖(1622)遭遇島民抵抗

1626年西班牙人所繪荷蘭軍隊進入台江圖,
左端鹿耳門

1662年初,鄭成功在熱蘭遮城外接受荷軍投降

漳州人林爽文率天地會眾反清(乾隆晚年,1786年
11月~1788年2月),此為清軍福康安攻克斗六門圖

福建漳浦人吳沙於1796年率眾
開拓蛤仔難(宜蘭)

台灣近代化奠基的第一功臣沈葆楨
(林則徐的女婿)

琉球國宮古島官船於1871年尾
在台灣恆春八瑤灣遇難被殺54
人是為牡丹社事件之發端

李鴻章(右端背靠紅椅者)於1895年春在日本下關跟伊藤博文
(李的對面)進行割台、澎給日本的會議

日本政府諭示台澎歸併日本,由首
任台灣總督樺山資紀來接收

日軍先頭部隊將校進入台北城

北白川宮能久親王(坐者)任近衛師長登陸台灣挺進
台南途中

第4任總兒玉源太郎(右)與他的搭擋後藤
新平,完成台灣近代化基礎

清末時期台北與桃園間的縱貫鐵路

台灣製糖業的救星新渡戶稻造,圖為日幣
五千丹的肖像

日本領台前,牛車運搬甘蔗的光景

20世紀初,新式糖廠紛紛出爐

1918年落成的台北火車站（今忠孝西路）

漢醫師黃玉階組團體，提倡解放女人的纏足，以及剪斷男人的辮髮

對台灣最有情的總督明石元二郎，按照遺言死後埋葬台灣

霧峰出身的士紳政治運動領袖林獻堂，倡設台中中學、文化協會

「台灣蓬萊米之父」磯永吉在台47年，於戰後1957年才回日本

有「台灣的孫中山」之稱的蔣渭水與林獻堂創立台灣文化協會，又組台灣民眾黨

近代左翼運動的彗星謝雪紅，1928年（27歲）參與創立台灣共產黨

XI

嘉南平野的救星八田與一,也是烏山頭水庫之父。他的座像在水庫邊斜坡的樹林下

1915年抗日西來庵·噍吧哖(今玉井)事件的領袖余清芳(坐人力車者)及其同志被解往台南

噍吧哖事件余清芳等人(頭部套戴簍子者)被帶出庭受審

烏山頭水庫於1930年4月10通水啟用,圖為水庫排水隧道出口暗渠工程建設情形

重視教育所以重視人才,1928年成立的台北帝國大學(今台大)

教育是日本人給台灣人的寶貴資產，
本書約1200頁，出版於1939年

伊能嘉矩的巨著「台灣文化誌」(1928)
三大冊各千頁，內容包羅歷史文化萬象

被號稱為「台語的金字塔」，這部
「台日大辭典」上下2巨冊約2千頁，
小川尚義收錄九萬條詞彙 (1931-32)

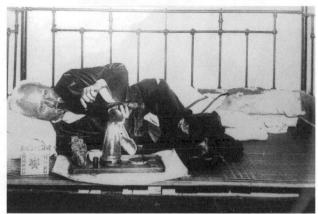

右上端為林獻堂，「台灣青年」誌
肩負起啓蒙台灣人的偉大使命

食阿片花錢又傷害健康，阿片患有夠「慘」

霧社事件發生當時 (1930年10月) 的霧社情景

霧社抗日事件 (1930年10月) 的領
袖莫那魯道 (中立者) 及其子 (左)

日治時代女工是中小產業的主要生產力在茶廠裡

在二次大戰的戰時體制下女學生參加義務奉公（衣履相當有水準）

林獻堂（坐者右4）和蔣渭水（坐者左3）等人創設台灣文化協會（1921年10月於台北靜修女中）

台灣議會設置請願運動（1921-1934），代表團到達東京的歡迎場面

蔣渭水（前排坐者右2）組織的台灣民眾黨第一次代表會議（1927年10月）

1928年2月蔣渭水在大稻埕組成「台灣工友總聯盟」，標舉「同胞須團結，團結真有力」的口號

台灣末任總督安藤利吉在降書上簽字

台灣的日軍在台北中山堂向聯合國盟軍投降的儀式，場外聚集的群眾 (1945.10.25)

台灣人在終戰時，不知唐山有四個中國（滿州國，汪精衛南京政府，中共和重慶KMT），連國府的國旗倒掛了也不知

敗戰國日本在台的國民撤離台灣回日本的群眾殊堪可憐

前　言

　　記錄台灣話的語料，台灣話的文化遺產實在少得淒涼！然而，很幸運，除了教会羅馬字之外，有一種非常寶貴的東西，就是"歌仔冊"（qua'a cheh）。前者全部用羅馬字拼寫的，可惜侷限在基督教內流傳。後者則全部用漢字書寫，將漢字當作音標，透過講古的嘴很受社會大眾的歡迎。

　　所謂"歌仔冊"，並不是（流行）歌曲的歌詞本子，而是記載"歌仔"的冊子，即小本子。那麼甚麼是（qua'a）呢？它是用五言或七言寫成的語句，而且句尾都有押韻的韻文。五言或七言中以七言為多。所謂"言"（gian）就是音節，有含義，用一個漢字寫成。因此，歌仔就是用七言、即七個音節（或七個漢字）寫成的韻文。這種韻文、通常是一個主題，寫成三、四百句，編成薄薄的一個小冊子，其大小約和明信片差不多，惟寬度小一點，這便是歌仔冊。由於這樣的關係，歌仔冊，別稱為"七字仔"（chit ri'a）。

　　歌仔冊的主題以三伯英台的戀愛故事最多，其次為歷史故事（例如鄭國姓開台歌、台灣民主國歌…），再次為勸戒歌（例如戒吸鴉片歌），又如男女相褒歌等。戒吸鴉片歌如下；食着鴉片真成死（tsiah diorh apen tsin tsia^n si），腳骨手骨那鐵枝（kaqut chiu qut na tih qi），有錢通趁無愛去（wu tsi^n tang tan vo ai ki），倒著床頂像大豬（dor di chng deng chiu^n dua di）。再如相褒歌；"阿君要轉阮要留（a qun veh dng gun veh lau），留君神魂用紙包（lau qun sin hun yeng tsua bau），等君轉後提

來敲（dan qun dng au teh lai tau），日日看君著阮兜（rit rit kua^n qun di gun dau）"。

歌仔的主題令人親近，句子又通俗押韻，容易理解、記憶唱誦，所以"頗得民心"，極有人氣。它對一般社會（特別是農村）大眾提供了娛樂又可以學習（教育）的雙重作用。

例如：念歌算是好代誌（liam qua sng si hor dai tsi），讀了若熟加識字(takliau na sek qe vat ri)，穡頭伯若做完備（sit tau lan na tsor wan bi），閑閑通好念歌詩（yeng yeng tang hor liam qua si）。

這七字仔的歌仔，跟歌仔戲在主題和語句兩方面都有共通的交叉點，因而更促進七字仔的風行。特別是 1930 年代，歌仔冊的黃金時代，生產了幾百種（本）的台灣民間通俗的白話文歌仔冊作品，正是台語庶民白話文學的寶庫。

台語羅馬字拼音方案 (system)

(Ⅰ)聲母(子音)

• 音標	P P' m b	t t' n l	k k' g h	ts ts' s z	ㆣ ，
• 漢字	保波毛帽	刀討奴勞	哥科餓賀	朱此士如	黃　安
• 注音符號	ㄅㄆㄇ□▲	ㄉㄊㄋㄌ	ㄍㄎ□▲ㄏ	ㄗㄘㄙㄖ	□▲　ㄢ
• 字母	b P m b	d t n l	q k g h	ts ch s r	ng y.w

　　　　▲ (按：□表示缺)

(Ⅱ)韵母(單母音、單韵母)

(a)常音母音

音　　標：/ a　i　u　o　e　ə /

漢　　字：/ 阿　姨　有　烏　鞋　呵 /

注音符號：/ ㄚ　ㄧ　ㄨ　ㄛ　ㄝ　ㄜ /

字　　母：/ a　i　u　o　e　or /

　（註）or 即在 O 右邊附加字母 r 的合體字。

(b)半鼻音母音

音　　標：/ ã　ĩ　õ　ẽ /

漢　　字：/ 餡　圓　午　嬰 /

　（註）õ：(例) õ õ 睏

注音符號：/ 缺 (無此符號) /

字　　母：/ aⁿ　iⁿ　oⁿ　eⁿ /

　（註）常音字母右肩各加小字母 n 便是半鼻音的母音。

(c)聲化韵母

/ m̩　ㆭ /→/ 毋　央 /

字母： / m　ng /

(Ⅲ)聲調(七種聲調、序號8種，其中2、6共通)

調序：	1	2	3	4	5	(6)	7	8
調徵：	高平	高降	低短	低促	降後昇	(同2)	中平	高促
例字：	東	党	凍	督	同	(党)	洞	毒
符號：	─	ˋ	ˋ	~hptk	∨	(同2)	無符	~hptk上加符號"─"
實例：dōng	dòng	doɳg	dok	dǒng	──	dong	dōk

　(註)(1)促聲(4、8)即入聲，若音節尾是母音，則加 h，是子音則分
　　別為：~m→~p，~n→~t，~ng→~k。

　　(2)連音必變調，故聲調一律注變調，反映實際語音，便於教學。

羅馬字對照表

Ｉ、聲母(子音)

國際音標	P	P'	m	b	t	t'	n	l	k	k'	h	g	ts	ts'	s	z	ŋ	'
本書	b	p	m	v	d	t	n	l	q	k	h	g	ts	ch	s	r	ng	y.w
台羅	p	ph	m	b	t	th	n	l	k	kh	h	g	ts	tsh	s	j	ng	-
台通	b	p	m	bh	d	t	n	l	g	k	h	gh	z	c	s	r	ng	-

Ⅱ、韻母(單韻母；母音)

國際音標	a	i	u	o	e	ə	ã	ĩ	ẽ	õ	m̩	ŋ̩
本書	a	i	u	o	e	or	a^n	i^n	e^n	o^n	m	ng
台羅	a	i	u	oo	e	o	ann	inn	enn	onn	m	ng
台通	a	i	u	o	e	or	a^n	i^n	e^n	o^n	m	ng

Ⅲ、聲調(七種聲調)

調序	第1調	第2調	第3調	第4調	第5調	第7調	第8調
調類	高平	高降	低短	低促	降後昇	中平	高促
本書	—	﹨	□̣	□hptk	∨	不標	‾□hptk
台羅	1	2	3	4	5	7	8
台通	不標	﹨	□̲	‾□hptk	∨	—	□hptk

（註）聲調中，第6聲與第2聲一致，故不必列出，實際只有七種聲調。
又調序依傳統序號。

【第 1 篇】先史時代（～1624）

第 1 首

台灣原早蠻荒[1]島，
Taiwăn guantsà vanhong dòr.

南島民族[2]來打造[3]，
Lamdòr vintsōk lai dāⁿtsŏr.

射鹿生活何所靠，
Sialōk seⁿwāh hor sōkọr.

難免腹肚有時餓。
Lanvèn bākdò wụsi gor。

台灣原本是未開墾的荒蕪的島嶼。

南島語系的民族最早來這裡開發。

打獵射鹿的生活并不好過。

免不了有時候肚子要挨餓。

註解

(1)蠻荒：野生未開墾狀態。

(2)南島民族：馬來波里尼西安語族
    (Malay-polynisian-Family)。

(3)打造(dāⁿtsor)：鍛造金屬製品，此處喻開發經營。

1

第 2 首

破病重症求巫婆⁽¹⁾，

Puàbeⁿ dạngtsẹng qiu wubǒr .

生病不容易好的，就請女巫幫忙。

刺字⁽²⁾滿面花 sor sǒr⁽³⁾，

Chiāhri muāvin hue sor sǒr .

巫婆的臉上全是刺青，像個大花臉。

手攑一枝是番刀⁽⁴⁾，

Chiù giāh tsitqī si huandōr .

原住民們的手裡拿著一把砍伐用的大刀。

起厝造屋大樹剉⁽⁵⁾。

Kichụ tsọr-ok dụachiu chọr。

砍伐大的樹木來蓋房屋。

註解

(1)巫　婆：受神靈指使的女巫。

(2)刺　字：刺青、紋身。

(3)花sor sǒr：同花貓貓(niau)，喻塗繪得很雜，難看。

(4)番　刀：原住民特有的一種刀、較大型，用於砍
　　　　伐。

(5)剉：音chor，砍伐樹木叫剉樹。

第3首

山地姑娘勢[1]舞蹈，

Suaⁿde qonĭu gău vūdōr .

十六少年學大哥[2]，

Tsap lak siàulěn oṛh duạ qōr .

上山落水無煩惱，

Tsiuⁿsuāⁿ lọr tsùi vor huanlòr .

逍遙自在[3]桃源島[4]。

Siauyău tsụtsai torguan dòr。

山地的姑娘活潑而很會跳舞。

山地的少年們到了十六歲，就要舉行儀式學習成為大人。

他們在山地裡不論上山或是涉水，都是自得其樂毫無牽掛。

活在無憂無慮，悠悠自適的世外桃源般的島嶼。

註解

(1)勢 (gău)：很会，擅長。

(2)大　哥：成熟成為有份量的兄長輩。

(3)逍遙自在：無憂無慮地行動，悠悠自在。

(4)桃源島：世外桃源的島嶼，喻像樂園般的島嶼。

第4首

十六世紀風雲起⁽¹⁾，
Tsap lāk sèqì honghǔ kì．

海賊道乾姓林伊，
Hāichāt dọrkěn sèⁿLǐm yī．

焄⁽²⁾來僚儺⁽³⁾打狗⁽⁴⁾覕⁽⁵⁾，
Chuạlǎi liaulǒr Dāⁿqàu vih．

明軍造勢俞大猷。
Veng qūn tsorsẹ Ru dẹiyǐu。

十六世紀的時候，情勢開始發生變化。

海賊集團的首領林道乾，在台灣海峽搶劫。

林道乾被(明軍)追趕帶領部屬逃亡到高雄(打狗)藏身。

明朝的軍隊在俞大猷指揮下，造勢示威。

註解

(1)風雲起：喻情勢發生變化。

(2)焄(chua)：率領、帶路。焄路：帶路。

(3)僚儺(liaulǒr)：強盜的部下，泛指一般的僕從。

(4)打　狗：高雄舊時是"打狗"社所在地。語音〔Dāⁿ qàu〕與日語"高雄"〔Taka-o〕音同而得名。

(5)覕(vih)：躲避、藏匿。

第5首

海賊生命上蓋[(1)]短，
Hāichāt sèⁿmia siang qài dè.

做海賊的人，都是活不久。

台海出現顏思齊[(2)]，
Taihài chūt hen Gan sutsě.

台灣海峽出現了一個叫顏思齊的人。

海澄走路[(3)]長崎宅，
Hāidēng tsāulo Dngqia tè.

在福建海澄出了問題，亡命到日本長崎。

舉事未成來布袋[(4)]。
Qīsu vuesěng lai Bòde。

密謀起事失敗，逃到台灣的布袋港。

註解

(1)上蓋……：最……。上蓋早：最早。

(2)顏思齊：福建海澄人，1624年在長崎謀起事，因
　　計謀洩漏而與鄭成功之父鄭芝龍等人逃亡到台灣，
　　在北港落腳，做海賊。翌年死，由鄭芝龍繼續。

(3)走路(tsāulo)：逃亡、亡命。

(4)布　袋：指布袋港(舊名布袋嘴)，在鹽水鎮西。

第6首

芝龍[1]繼起惹禍福，
Tsiliŏng qèkì riā hǫrhok .

鄭芝龍繼承顏思齊做海賊的頭領，卻接連招惹了禍與福。

投明降清假都督，
Dau Věng hang Chēng qē Dordok .

先是歸順明朝，後又投降清朝做個有名無實的都督。

招來災民閩南族[2]，
Tsiorlăi tsaivĭn Vanlam tsōk .

鄭芝龍協助荷蘭招募閩南旱災的人民。

開墾台灣大草簇[3]。
Kaikùn Taiwăn dua chāu chok。

前來台灣開墾廣曠滿是草叢的處女地。

註解

(1)芝　龍：即鄭成功父親鄭芝龍，1625年繼顏思齊在北港一帶做海賊的頭子，時約20歲。數年後歸順明朝，後來又投降清朝。
(2)漢閩族：指閩南人，大多屬漢化的越族。
(3)大草簇：音〔dua chāu chok〕大片的荒野草地。

【第2篇】 荷蘭據台38年（1624～1662）

第1首

海權國家葡萄牙，
Hai quǎn qōkqā Pordorgǎ .
讚美台灣福摩莎[1]，
Tsànvì Taiwǎn Hōkmosā .
北台淪落西班牙[2]，
Bāk dǎi lunlōrh Sebangǎ .
南台荷蘭[3]ケ天下。
Lam Tǎi Horlǎn e tenha。

葡萄牙是個拓展貿易的海權國家。

它航行經過台灣海峽時，讚賞台灣是美麗之島。

台灣北部被西班牙所佔據。

整個南台灣則變成荷蘭人的天下。

註解

(1)福摩莎：Formosa 的音譯語，1541~43年間，葡萄牙船航行經過台灣海峽，看見青翠美麗的島嶼(即台灣)驚嘆而稱呼為「Ilha Formosa」(Ilha即Island，島嶼)意為「美麗之島」。

(2)西班牙：征服菲律賓後，又於1626年攻佔台灣北部基隆、淡水，并對平埔族的凱達格蘭族傳布天主教的教化。17年後的1642年被荷蘭所驅離。

(3)荷　蘭：東印度公司基地在爪哇的巴達維亞(今雅加答)，於1622年攻佔澎湖，2年後佔領台南、安平一帶。

第2首

明朝目中無台灣[(1)]，
Vengdiǎu vakdiōng vor Taiwǎn .

雞籠[(2)]列在外國傳，
Qelàng liāt tsài guàqōk duan .

赤崁[(3)]紅毛來掌管，
Chiāhkạm angmňg lai tsiāngquàn.

熱蘭遮城[(4)]歸荷蘭。
Riatlanria siǎⁿ qui Horlǎn。

明朝政府的心目中，并沒有台灣。

清朝編纂的明史稿，把雞籠編列進外國傳裡面。

平埔族的赤崁社，改由荷蘭來統治。

荷蘭人在安平建造要塞熱蘭遮城。

 註解

(1)目中無台灣：1624年荷蘭佔據澎湖，福建巡撫南
居益於1624年初與荷軍開戰。八個月後議和，荷
蘭退出澎湖轉進佔據南台灣。

(2)雞　籠：平埔族名凱達格蘭(Ketagalan)的音譯。
原為「雞頭籠」被縮稱「雞籠」，清末改稱「基
隆」。明史稿卷302將雞籠列為外國。

(3)赤　　崁：今台南赤崁樓一帶，原為平埔族西內雅族的赤崁社。荷蘭據台，建設為行政及商業中心。

(4)熱蘭遮城：今安平，1624年荷蘭艦隊進入一鯤身(今安平)後，建築城堡，原名奧倫治(Orange)，後改稱熱蘭遮(Zeelandia)，為軍事兼貿易中心，荷蘭提督駐在這裡。

第3首

漢番[1]尊稱伊大兄，
Hàn huān tsunchēng yi duạhiāⁿ.

外來統治頭一名，
Guạlăi tōngdī tau tsịtmiă.

想 veh 反抗驚無命，
Siùⁿ vēh huānkŏng qiaⁿ vor mia.

剝去鹿皮千萬領[2]。
Bākkì lọkpuĕ cheng vạn nià。

漢族和平埔族都尊稱荷蘭為老大哥。

荷蘭乃是台灣的第一個外來統治者。

想要反抗荷蘭的統治，卻又怕死。

成千上萬件的鹿皮被剝去獻給荷蘭後，賣去日本。

 註解

(1)漢　番：指閩南移民和平埔族原住民。
(2)千萬領：千千萬萬件(鹿皮)。領：衣衫的數量詞。
　（例）一領衫：一件上衣。

第4首

砂糖籐條滿厝埕(1)，
Suatǐg dindiǎu muā chùdiǎⁿ.

甘蔗製成的糖和藤條堆得滿屋外。

轉口貿易(2)有名聲，
Tsuānkàu vǫyēk wụ miasiāⁿ.

台灣的轉口貿易很發達。

佃農結首(3)稅萬件(4)，
Denlǒng qiātsiù suě vạn qiaⁿ.

結首制度的佃農，負擔各種名目的苛稅太多了。

殖民剝削莫知影。
Sitvǐn bāksiah vok tsaiyiàⁿ。

在荷蘭的殖民統治下，台灣人被剝削得無法想像。

 註解

(1)厝　埕：住宅前的場子或院子的空曠地方。
(2)轉口貿易：當時台灣為中、日、菲等地中繼轉口貿易基地。
(3)結　首：荷蘭統治下所有土地國有叫「王田制」，農民全是佃農，組織成立「結首制度」。數十佃為一小結，數十小結為一大結，各置結首由有貲力服眾者任之。
(4)稅萬件：荷蘭統治下的苛稅繁多，有人頭稅，漁獵稅，農具稅，貨物稅，地租，耕作稅……。

11

第5首

三萬漢民做農奴[1]，
Saⁿvan Hànvĭn tsòr longlŏ.

十萬平埔來鬥顧[2]，
Tsap văn beⁿbō lai dàuqọ.

郭懷一[3]反抗大租，
Quēh-huaiyịt huānkŏng duạtsō.

失敗被捕土土土[4]。
Sītbai bi bò tŏ to tŏ。

荷蘭統治下有三萬多漢人做它的農奴。

平埔族也有十萬人，大多協助荷蘭。

郭懷一率領被壓迫的人民起來反抗荷蘭的剝削統治。

抗荷失敗被捕，被殺的漢人包括婦幼達數千人。

註解

(1)農　奴：荷蘭統治下，漢系移民多從事王田制下的佃農開墾，所受待遇與農奴無異。

(2)鬥　顧：幫忙照顧。時平埔多隸從協助荷蘭統治者。

(3)郭懷一：鄭芝龍部屬，在二層行溪南岸開墾，為結首制的大結首。漢人不堪壓迫，率眾抗荷(1652)，荷蘭動員二千名原住民支援。郭失敗被殺，漢人被屠數千，為郭懷一事件。

(4)土土土：土亦作塗。這裡謂事情一敗塗地，土土土，喻敗得慘兮兮。

第 6 首

何斌⁽¹⁾協議獻海圖， Hor-bīn hiapgi hiàn hāidŏ.	何斌被荷蘭派去跟鄭成功協議通商時，卻獻出海圖。
延平郡王媽祖助， Yanběⁿqun-ŏng mātsò tso.	鄭成功進攻台灣時，海上航行得到媽祖的庇祐。
鹿耳門⁽²⁾水漲三度， Loknīmŏng tsùi diòng saⁿdo.	鄭成功的軍艦船隻到鹿耳門港時，潮水大漲，船隻得以靠岸。
紅毛總督變無步。 Angmŏng tsōngdok bìⁿ vor bo。	荷蘭的總督抵抗不了鄭成的攻擊，終於投降，退出台灣。

 註解

(1)何　斌：鄭芝龍部屬，任荷蘭通譯。鄭成功掌控
　　　　　金廈，荷蘭無法與中國大陸通商，派何
　　　　　斌與鄭氏協議，何乃獻台江海圖并勸鄭
　　　　　氏攻佔台灣。

(2)鹿耳門：在台南西北、安平北邊的港灣，1661年
　　　　　4月29日早上鄭成功在此登陸。

第1首

台灣開基鄭延平⁽¹⁾，
Taiwǎn kaiqī Ḓeⁿyenběn .

在台灣開國立家的是延平郡王鄭成功。

東都⁽²⁾抗清志復明，
Dangdō kòngChēng tsị hok Věng.

他把台灣改稱東都，矢志從事反清復明的大業。

趕走荷蘭先屯兵⁽³⁾，
Quaⁿtsàu Horlǎn seng tụnbēng .

鄭成功驅逐荷蘭後，就施行寓兵於農的屯田制度。

永華⁽⁴⁾大臣來經營。
Yēnghuǎ ḓạisǐn lai qengyěng。

陳永華輔助鄭成功父子主持重要的政務。

 註解

(1)鄭成功進據台灣後，即在赤崁告諭軍民：「開國立家」，俗稱鄭成功為「開山王」，意為在台灣建國。

(2)東 都：鄭成功以「台灣」一稱閩南語音同「埋完」(daiwan)不吉，乃改稱東都，改赤崁為「東都明京」，在台南設承天府，嘉義為天興縣，鳳

14

山為萬年縣。

(3)屯　兵：鄭成功的軍隊武裝移民為長期作戰計，
　　實施屯田兵制。

(4)陳永華：即陳近南，福建同安人，受鄭成功父子
　　重任，為台灣的開發、經營與教化的中心人物。

第 2 首

東寧[(1)]國主是鄭經[(2)]，
Dang lěng qōktsù sị Deⁿqēng .

台澎金廈顧兩旁，
Tai-Pěⁿ Qim-E qò nṇg běng .

海上貿易集大成，
Hiāsiang vọyēk tsip dạisěng .

苛政重稅怨不平。
Kortsẹng dạngsuẹ wàn būtběng。

鄭成功的兒子鄭經繼位後，
改制自稱「東寧國主」。

鄭經時代，一方面鞏固台澎，
一方面率軍由金門、廈門登
陸作戰。

東寧國的外貿發展，成就了
遠東地區中國商品的集散地。

為了「反攻大陸」的國策，
苛捐雜稅使人民不堪負擔。

註解

(1)東　寧：鄭成功子鄭經繼位後，將東都改稱東寧
，自稱「東寧國主」。

(2)鄭經繼續對外貿易政策，使台灣成為遠東地區中
國商務的集散地。

第3首

承天府下設州縣[1]，
Sęngtenhū e siāt tsiuquan .

鄭王朝在台灣設置承天府。
府下天興、万年兩縣，後改
為兩州。

王朝[2]掌管南台灣，
Ongdiǎu tsiāng quàn lam Taiwǎn .

當時鄭氏王朝所統治的祇限
於南部的台灣。

種蔴曝塩糖利懸[3]，
Tsèng muǎ pakyǎm tng li quǎn .

政府提倡種蔴，種蔗製糖，
曬鹽等獲利多。

閩客移民來團圓。
Vinkeh yivǐn lai tuanwǎn。

同時，農桑之利更招徠大批
閩粵移民來台灣。

註解

(1)鄭成功進據台灣後，在台南設承天府，嘉義設天
　　興縣，鳳山設萬年縣。縣制後改為州制。
(2)王　　朝：鄭氏統治台灣，成立東寧國王朝，卻奉
　　明亡後的殘餘勢力永曆帝的年號。
(3)懸：quǎn，高也。利懸，意為利益多。

第4首

三藩反清[1]做伙乱，
Samhuān huān Chēng tsòrhuē luan.

吳三桂等三藩聯盟反清時，鄭經亦應邀參加。

反攻大陸守備難，
Huānqōng dailiōk siūbi lǎn.

由於耿精忠違約又降清，鄭經攻佔的地方又失守。

清廷招降部將叛[2]，
Chengděng tsiauhǎng bọtsiǒng puạn.

清廷在漳州設「修來館」利誘招降鄭經的部將。

和戰反復[3]國着完。
Hortsiǎn huānhōk qok diorh wǎn.

鄭經與清朝七次和議未成，戰又不利終致敗亡。

 註解

(1)三藩反清：清康熙時，吳三桂、尚可喜和耿精忠
　　等三藩反清，鄭經受邀會師反攻大陸，先勝後敗。
(2)部將叛：三藩反清時，鄭經攻佔閩南，并至汀州，後
　　全被奪回。清廷在漳州設「修來館」，利誘招降
　　鄭氏部將，至1680年，鄭經全面退回台灣。
(3)和戰反復：鄭經時代，曾與清廷議和七次無結果。

18

第5首

克塽[1]繼位 suāh[2]慘死，
Kēktsong qèwi suāh chāmsì .

鄭克塽於鄭經死後，即將繼位，卻被馮錫范等人謀殺。

克塽童稚年十二，
Kēksòng dongdǐ nǐ tsap ri .

被岳父馮錫范扶持繼位的鄭克塽，只是才十二歲的小孩。

禍起蕭墙自凌遲[3]，
Hor kì siauchiǔ^n tsụ lengdǐ .

流血奪權的政變之後，繼而發生了整肅異己的屠殺。

施琅[4]澎湖掌天機。
Silŏng Pe^n-ŏ tsiāng tenqī。

東寧國運的氣數已盡，施琅渡海攻佔澎湖，而台南已崩盤。

 註解

(1)克 塽： 鄭克塽是鄭經的養子，陳永華女婿。
鄭經死(38歲)即將繼位，被馮錫范(時12歲的鄭克塽岳父)等人謀殺(用棍子打死)。

(2)suah　：竟然。

(3)自凌遲：鄭經死後，馮錫范等扶12歲的鄭克塽繼
　　位，大肆整肅異己。

(4)施　琅：　原為鄭成功部將，降清後再三奏請攻
　　取台灣，於1683年攻佔澎湖，鄭王朝即投降。

第6首

全台首學[1]啟教化，
Tsuan Tăi siūhāk kē qàuhuă .

陳永華在台南建孔子廟，設「全台首學」，開啓教化的風氣。

光文[2]傳經在善化，
Qongvŭn tuan qēng tsại Sẹnhuă .

沈光文流寓台灣，在善化一帶教育平埔族子弟。

國姓父子死傷早[3]，
Qōkse^n bẹqià^n sī siu^{n}tsà .

國姓爺鄭成功和他的兒子鄭經都死得太早。

奸臣誤國[4]罪上大。
Qansĭn gọ^{n}qok tsue sịangdua。

馮錫范、劉國軒等奸臣內鬥貽誤國事，其罪過最重大。

註解

(1)全台首學：陳永華輔助政務、在台南建孔廟附設明倫堂為學校，被稱為「全台首學」，開啟文教制度。

(2)光　文：沈光文，浙江鄞縣人，明亡流寓台灣，在善化、安定一帶教育目加留灣社平埔兒童，著有《台灣輿圖考》、《台灣賦》等名作，卒於諸羅(嘉義)。

(3)死傷早：死得太早，鄭成功(1624~1662)享年38歲，
　　鄭經(1642~1681)享年38歲。傷，音siu^n，太……，
　　過於……。(按：鄭成功18歲就生鄭經)
(4)奸臣誤國：指馮錫范、劉國軒等人於鄭經死後，
　　發動政變謀殺鄭克臧，利用年幼12歲的鄭克塽而
　　整肅異己，內鬥而昧於外禦，導致亡國。

【第4篇】康熙時代(上)39年(1683～1722)

第1首

清軍滅鄭⁽¹⁾免勇謀，
Cheng qūn viat Deⁿ vēn yōng vǒ .

滿清的軍隊經由澎湖進入台南，消滅鄭王朝用不著英勇和謀略。

康熙無意收領土⁽²⁾，
Konghī voryị siu lēngtò .

康熙帝並不想把台灣收納做領土。

施琅硬爭⁽³⁾入版圖，
Silŏng gẹⁿ tsēⁿ rip bāndò .

施琅極力說服清廷，才將台灣收入版圖。

台民變成清國奴。
Tai vǐn biⁿtsiǎⁿ Chengqōk lǒ。

可憐台灣人，從此變成清國的奴隸了。

註解

(1)鄭：指在台南的鄭王朝。

(2)無意收領土：康熙朝廷認為台灣是：1.彈丸小島又是化外之地。2.番人與叛亡奸宄不足共守。3.鄭氏海賊乃疥癬之疾不足慮。4.瘴癘之地不值得駐守勞

民傷財……等理由而主張放棄。

(3)硬爭(入版圖)：唯獨施琅攻佔台灣、滯留三個月，基於東南海防觀點向朝廷提出〈恭陳台灣棄留疏〉謂：『台灣一地原屬化外，土番雜處，未入版圖，……。台灣一地雖屬多島，實關(東南)四省之要害』，而極力主張收入版圖。從施琅進入台南，東寧亡國(1683年陰曆8月)對台灣的"棄"或"留"在朝廷論爭了八個月，最後採納了收留台灣的建策。

第2首

康熙廿二 teh⁽¹⁾台灣，
Konghī liapri teh Taiwăn .

康熙二十二年時，將台灣收入版圖。

設置一府分三縣⁽²⁾，
Siatdị tsithù hun saⁿquan .

將台灣的行政區域，分別設置一個府，三個縣。

隸屬福建來掌管，
Lẹsiok Hokqẹn lai tsiāng quàn .

清廷將台灣隸屬於福建省，由福建省來管轄。

兵備道台⁽³⁾上有權。
Bengbi dọrdăi siọng wụ kuăn。

台廈兵備道的道台，是台灣府的頂頭上司，權力最大。

註解

(1)teh台灣：teh為tēh（高調入聲）的變調（低調入聲），意為"拿"，"取"。漢字或作 "撏"。

(2)一府三縣：清初將台灣隸屬福建省，設"台灣府"，府治在台南，故台南別稱"府城"。府下分設三個縣：即北部"諸羅縣"(今嘉義)，中部"台灣縣"(今台南)和南部"鳳山縣"。

(3)兵備道台：指"台廈(門)兵備道台"，清初台灣隸屬於福建省，其行政區域大部分沿襲鄭氏制度。唯在省（福建）和府（台灣）之間插入（增設）一個"台廈兵備道"，總掌管台灣的民政（台灣府）和軍政（台灣鎮台）。

第3首

知府[1]行政設府城，
Dihù hengtsęng siāt hūsiăn.

總兵[2]軍事治安顯，
Tsōng bēng qunsu dį-ān hiàn.

反清復明真歹拼，
Huān Chēng hokVěng tsin pāinbian.

乖乖剃頭[3]免輸贏。
Quaiquāi titău vēn suyiăn。

台灣府的長官知府掌管民事行政，府治設在台南府城。

台灣鎮台的長官總兵掌管軍事(政)系統，負責治安。

反清復明的事業很難進行。

祇好順從剃髮留辮子，別再搞反抗滿清的事了。

註解

(1)知　府：清初台灣是福建省下的一個府，即台灣府。府的長官叫知府，府治在台南，掌管民政。

(2)總　兵：軍職，相當於軍區司令。清初台灣軍區叫台灣鎮台，其長官為總兵，掌管衛戌治安。全台灣分設：府城、南路、北路、安平和澎湖五個軍管區。

(3)剃　頭：滿州人男子剃髮留辮子。執行剃髮令：即留頭不留髮、留髮(反抗者)不留頭(就要殺頭)。

第4首

滿清算來是外族，
Vuānchēng sn̄glai sī guạtsōk .

對待台灣真可惡，
Dùitai Taiwǎn tsin kōr-ok .

封山禁海[1]步真毒，
Hong suāⁿ qìmhài bo tsin dōk .

移民三禁[2]來制約[3]。
Yivǐn saⁿqǐm lai tsèyok。

對台灣人來説，滿洲人是外來的民族。

他們統治台灣的作法，很苛刻惡劣。

禁止中國大陸的人渡海來台灣，一方面禁止移民進入山區的原住民居住地。

中國大陸移民台灣，有三種禁令的限制非常困難。

 註解

(1)封山禁海：清廷為防止台灣人造反，一方面禁止對岸的人渡海到台灣(海禁)，一方面頒行「封山令」，禁止移民進入山區跟原住民“勾結”。

(2)移民三禁：清廷領台之初，頒行「台灣編查流寓則例」亦就是「移民條例」，加以限制。

　1) 渡航台灣要辦「照單」(許可證)經軍事單位核可，嚴禁偷渡。

27

2) 渡台者不得攜眷，既渡者不得回對岸接眷。

3) 粵地之民不准渡台。其中第二項禁令結果造成台灣社會陽盛陰衰，羅漢腳仔單身漢畸形的社會。

(3)制約：音〔tsèyok〕，限制、禁止。

第5首

做官三年一調度[1]，
Tsòr quāⁿ saⁿnǐ tsit diàudo.

駐軍三冬走別路[2]，
Tsùqūn saⁿ dāng tsāu batlo.

羅漢腳[3]仔變無步[4]，
Lorhàn ka-à bǐⁿ vor bo.

看破[5]緊娶平埔姥[6]。
Kuàⁿ puạ qīn chua beⁿbovò.

在台灣做官吏的，三年為期要調動離開。

駐守台灣的軍隊，三年到期都要調走是一種班兵制。

無固定職業的單身漢羅漢腳仔，搞不出甚麼好名堂來。

算了，別再期待了，趕快娶個平埔族的女性做妻子吧。

 註解

(1) 調　度：調動工作單位。清朝的制度，本地人不得在本地做官。在台灣則更嚴格，從外地(省)派來的官吏三年為期必須調離。

(2) 三冬走別路：三冬即三年。清初，由福建調軍隊到台灣維持治安，三年為期調動離開，叫做「班兵」。來台軍隊必須有家眷，而家眷要留在原鄉做人質，以防叛兵。

(3) 羅漢腳：無固定職業的單身漢，也沒田產的做臨時工或傭兵、僱佃的一種遊民。

(4) 變無步：想不出好的辦法。

(5) 看　破：期待落空後下定決心。

(6) 平埔姥：平埔族的女性做妻子(太太)。姥音vò，妻也。

第6首

在厝困苦捷掠狂⁽¹⁾，
Tsāi chụ kùnkò tsiap liahqǒng.

離開原鄉心茫茫，
Li kūi guanhiōng sīm vongvǒng.

毋知⁽²⁾台灣啥狀況，
M̥tsāi Taiwǎn siāⁿ tsọnghòng.

如今已成白頭翁⁽³⁾。
Ruqīm yīsěng beh tau-ōng。

在家裡生活窮苦，常常感到
緊張不安。

離開了故鄉，心情可是一片
茫然！

對台灣的實際情況，一點也
不清楚。

到現在，卻已經是白髮蒼蒼
的老人了。

詿解

(1)捷掠狂：音tsiap liahqǒng，常常坐立不安。捷：
　　常常，急急忙忙。(例)西北雨捷捷落。掠狂即抓
　　狂，緊張不安。
(2)毋知：音m̥ tsāi，不知道，不清楚。
(3)白頭翁：頭髮白的老人。

【第5篇】康熙時代(下)39年(1683～1722)

第1首

康熙六十迄一冬[(1)]，
Konghī laktsāp hīt tsit dāng.

事件發生在康熙六十年那一年(1721)。

天烏地暗人人 gang[(2)]，
Tīⁿ o de ạm lang-lăng gang.

天黑地暗政治不清明，以致人民都傻了眼。

王珍[(3)]父子拗蠻人[(4)]，
Ongdīn bẹqiàⁿ aūvăn lăng.

台灣府當局王珍父子貪暴欺壓百姓，

官逼民反相激孔[(5)]。
Quāⁿ bek vǐn huàn sior qēk kāng。

引起官逼民反，互相猜懼搞鬼計。

 註解

(1)迄一冬：音〔hīt tsit dāng〕，那一年。按hīt又作彼。

(2)人人gang：大家都傻住了。gang，漢字有作“戇”，又音〔gong〕，發呆、傻氣。

(3)王珍：康熙六十年時的台灣府知府，時鳳山縣的知縣出缺，王珍自己兼任，卻叫他的兒子去掌管。父子

貪暴引起民怨。

(4)拗蠻人：拗蠻，音〔aūvǎn〕不講道理，橫蠻霸道。

(5)激孔：音〔qēk kāng〕，動歪腦筋、搞詭謀。

第2首

反清復明朱一貴[1]，
HuānChēng hokVěng Tsuyīt quị.

朱一貴舉兵反抗滿清，企圖回復明朝政制。

鴨母大王[2]豎軍旗[3]，
Ahvòr dại-ǒng sụ qunqǐ.

他被人稱號「鴨母王」，豎起了「朱大元帥」的紅色軍旗。

府城官吏澎湖覕，
Hūsiǎⁿ quaⁿli Peⁿ-ǒ vih.

在台南的滿清官吏，紛紛逃往澎湖躲起來。

大封群臣像搬戲[4]。
Duạ hōng qụnsǐn chiụⁿbuaⁿhị。

朱一貴則在台南，像演戲地大封群臣。

 註解

(1)朱一貴，漳州出身移民台灣，在林邊溪北飼鴨，被戲稱「鴨母王」。并在內門(清初叫羅漢門)一帶活動。康熙60年(1721)，因台灣知府王珍苛政引發官逼民反。朱一貴自稱朱明(朝)後裔，被擁立為領袖起事，由內門攻克岡山，又攻入府城，宣稱「中興王」，建元「永和」，大封群臣。不久內訌爆發，閩粵械鬥，結果慘敗，前後50日。

(2)鴨母大王:指飼鴨而起事,反抗滿清的統治稱王(中興王)的朱一貴。

(3)豎軍旗:朱一貴反清時用紅色旗,寫「大元帥朱」。

(4)朱一貴稱王,封群臣時穿用戲服,回復明朝制度,有如演戲一般。

第 3 首

七日江山⁽¹⁾號永和，
Chītrīt qangsān họr yēnghờr .

閩客內訌起干戈，
Vinkeh lạihong kī qanqōr .

藍施⁽²⁾大軍來壓倒，
Na Sī dạiqūn lai āpdòr .

中興稱王有若無⁽³⁾。
Dionghēng chēng-ǒng wu nāvǒr。

朱一貴的反清軍隊僅七天就攻陷府城，改朝換代，建元「永和」。

年號永和的王朝爆發了閩南人跟客家人的內鬥，而互相殘殺。

藍廷珍和施世驃的清軍大舉攻進台南。

朱一貴中興王的王朝，曇花一現就消失了。

 註解

(1) 七日江山：朱一貴起事後，南路杜君英，北路賴池紛紛响應，才七天就會師攻入府城，清朝官員逃亡，改朝換代。

(2) 藍　施：藍指藍廷珍，施指施世驃。藍廷珍漳浦人，朱一貴造反時是南澳總兵駐守澎湖，指令水師提督施世驃(施琅第六子)攻入鹿耳門克府城。

(3) 有若無：若無，音〔nạvǒr〕好像沒有。朱一貴反清攻克府城登基號稱「中興王」，不久內訌互相殘殺，僅50日就被平定。喻曇花一現的「王朝」有卻好像沒存在過。

第4首

在厝無路⁽¹⁾求客頭⁽²⁾，
Tsại chụ vorlo qiu kēhtău .

在家鄉裡生活窮困，沒有出路，祇好去拜託協助偷渡的仲介人。

離姥離子目屎流，
Livò liqiàⁿ vaksài lău .

偷渡台灣，離別妻子兒女傷心流淚。

淒風苦湧烏水溝，
Chehōng kōyèng o tsūiqāu .

台灣海峽的風浪，既淒切又苦楚。

十去九個無回頭。
Tsapkị qāu-ě vor huitău。

唐山客過台灣的人，十個去了，九個沒回來。

 註解

  (1)無　路：沒出路，喻生活困難窮苦。

  (2)客　頭：協助偷渡來台灣的仲介人，類似近時的
　　　　　　　　"蛇頭" (tsua tău)。

  (3)烏水溝：台灣海峽的海底深，水色乍看是黑的，
　　　　　　　　俗稱 "烏水溝"。

36

第5首

一貴被押[1]北京去，
Yītqui bị ah Bākqiaⁿ kị .

結束動亂五十日[2]，
Qiātsok dọngluan gọtsap rīt .

造反做王凌遲死[3]，
Tsọrhuàn tsòr-ŏng lengdi sì .

苦海移民夢稀微。
Kōhài yivǐn vang hivǐ。

朱一貴被清兵追擊，結果被
逮捕，押解去北京。

鴨母王的動亂，前後持續了
五十天。

對清朝造反的朱一貴稱王後
，戰敗被抓去凌遲處死。

這以後，清廷對"三禁"移
民台灣更加嚴苛，渡海移民
的夢越難實現了。

註解

(1)一貴被押：朱一貴跟同志杜君英互相殘殺，又被
　　清軍號召的"義民"(一種台奸)追擊，在嘉義溝
　　仔尾被逮捕，押送北京處死。
(2)動亂五十日：朱一貴的反清復明動亂前後只有50
　　天(1721年五月初三在府城登基稱王)，發生內鬥，
　　外有清兵來攻而被敉平
(3)朱一貴對清朝造反，攻佔台南後稱王(中興王)，
　　不久被平定，押解北京凌遲處死。

第6首

為着求生走台灣，
Wị diorh qiusēⁿ tsāu Taiwǎn .

心肝不時⁽¹⁾結規丸⁽²⁾，
Simquāⁿ būtsǐ qiāt quiwǎn .

向望⁽³⁾三禁⁽⁴⁾免佫管，
Ǹg vang samqịm vēn qōrh quàn .

互阮自由入台灣。
Họ gùn tsụyǔ rip Taiwǎn。

為了尋求生活，找出活路而不得不逃難似地跑去台灣。

心情常常鬱悶不開心。

期盼政府別再搞三禁，管制渡海移民了。

好讓我們百姓能夠自由進入台灣吧。

註解

  (1)不　時：常常，經常。

  (2)結規丸：意為形成一個団子，喻解不開，心情不好。

  (3)向　望：音〔ǹg vang〕，盼望、希望。

  (4)三　禁：指禁止渡海移民台灣的三項禁令。清朝領台之初公布「台灣編查流寓則例」，將獨身無職業者以及犯罪者逐回大陸。有妻室產業者不准招致家眷。另設定「三禁」限制依新規定渡台。（詳P29）

【第6篇】 雍正時代 13 年（1722～1735）

第1首

帝位搶來[1]號雍正，
Dèwi chiù[n] lại họr Yongtsẹng .

治理台灣無心情[2]，
Dìlì Taiwăn vor simtsẹng .

放互官衙[3]乱使反[4]，
Bàng họ qua[n]gĕ luạn sù bèng .

大小租戶[5]誠絕情[6]。
Dụạsiòr tsoho tsia[n] tsuat tsĕng。

年號雍正的皇帝，他的權位
是鬥爭得來的。

他對於統治台灣可沒心思去
管它。

朝廷放任讓地方官府去胡搞
亂搞。

大租戶和小租戶重疊的地主
階級，真是刻薄無情！

註解

(1)帝位搶來：清朝康熙帝晚年，十幾個皇子為了繼
　　承帝位分成兩派搞鬥爭激烈，結果第四皇子勝利
　　取得帝位，年號雍正。

(2)心情：台語文言音〔sim tsĕng〕，白話音〔sim
　　tsiă[n]〕，此處讀文言音才押韻。

(3)放互：音〔bàng ho〕，意為任令……，放任給……。按官衙，即舊時的政府機關。

(4)乱使反：音〔luạn sū bèng〕，意為乱搞。反〔bèng〕，即翻也，掀也，翻來翻去。

(5)大小租戶：清初台灣的土地制度是"一田(地)兩主"。政府認可的「墾戶」或「業戶」即大地主，又叫「大租戶」，將土地交給「佃戶」管理而收取"大租"。佃戶本來是要自己耕種做「佃農」，卻又轉租給許多小佃人（真佃農）做二級地主（有如"二房東"）收佃租，是為「小租戶」。亦即同一塊田地有二重地主，双層佃農。

(6)誠絕情：音〔tsia^n tsuat tsěng〕，誠，很也，真地，實在是。意為真是刻薄無情。

第2首

佃農⁽¹⁾重担肩頭痠⁽²⁾，

Den lŏng daₙgdaⁿ qeng tău sn̄g .

拼生拼死一嘴⁽³⁾飯，

Biàⁿsēⁿ biàⁿsì tsit chùi bng .

繳稅納租腳手軟⁽⁴⁾，

Qiāusuẹ laptsō kachiù nǹg .

天堂地獄 chue⁽⁵⁾無門。

Tendn̆g dẹgāk chuẹ vor mn̆g。

租地耕作的農民，負擔繁重
受不了。

拼命工作也只為了糊口生活
吃一口飯。

要繳納丁稅、地租，被剝削
的都要喘不過氣來了。

想活得快樂或死得乾脆都由
不得你。

 註解

(1)佃　農：音〔den lŏng〕，租借土地來耕種的農戶
　　(民)。

(2)肩頭痠：肩膀痠痛。肩頭又說肩胛頭〔qeng qāh
　　tău〕。

(3)一嘴飯：一口飯，糊口。嘴，音〔chuị〕口也，
　　漢字又作喙、或作唪。

(4)腳手軟：四肢無力，喻身體毫無力氣，腳〔kā〕
　　漢字又作跤。

(5)chue：陰去調，第7聲，意為尋找。漢字又作：找、
　　尋、覓、揣或撢，以訓用"找"字較多。

第3首

一牛剝去双領皮⁽¹⁾，
Tsit gǔ bāk kì siang niā puě .

佃農繳納田租給大租户和小
租户，好比一隻牛被剝去兩
次皮。

儉腸捏肚⁽²⁾蕃薯糜⁽³⁾
Kiạm dǔg nēh do huantsi muě .

控制腸胃儘量少承受，祇能
喝地瓜稀飯。

冷風霜凍無棉被，
Lēng hōng sngdạng vor mipue .

霜凍般刺骨的寒風陣陣吹來
，卻沒被子可蓋。

做穡⁽⁴⁾到底犯啥罪！
Tsòrsit dàudè huạnsiāⁿtsue !

租田地做農事的人，到底是
觸犯了甚麼罪過呀！

註解

(1)双領皮：兩層皮，兩枚皮。領是數量詞，常用例
有：一領衫〔sāⁿ〕。此處指佃農被大租户和小租
户兩個(一級和二級)地主的双重剝削，喻一隻牛
被剝去双層的皮。

(2)儉腸捏肚〔kiạm dǔg nēh do〕：控制腸胃節約少
飲食。捏的文言音是〔liap〕，用手指將軟的東
西弄成一定的形狀。

(3)蕃薯糜：地瓜的稀飯。

(4)作　穡：音〔tsòrsit〕，種田，做農事的人。穡：
農事，稼穡。又泛指工作，例如，穡頭〔sīttǎu〕。

第4首

燒瓷⁽¹⁾注定愛食缺⁽²⁾，

Siorhŭi tsùden ài tsiah kih .

加工燒製瓷器碗盤的人，合該要使用有缺陷(角) 的食器飲食。

織蓆冤枉着睏椅⁽³⁾，

Tsīt chiōrh wan-òng diorh kùnyì .

編織草蓆的人，卻非得要睡在椅子上。

做工罔趁⁽⁴⁾渡時機，

Tsòr qāng vōngtạn do siqī .

當催工幹活的人，姑且做苦力賺點兒過日子。

米甕弄樓⁽⁵⁾半小死⁽⁶⁾。

Vī-ạng lạng lău buàⁿsiōrsì。

貯存米糧的甕子空洞洞，餓得都快要死了。

解

(1)燒瓷：音〔siohŭi〕，製造加工瓷器碗盤。

(2)食缺：音〔tsiah kih〕，用有缺陷的食器飲食，好的食器則出售。

(3)睏椅：睡在椅子上。

(4)罔趁：音〔vōngtạn〕，姑且賺它點兒錢。罔：姑且，趁：賺錢，趁機會。

(5)弄樓：音〔lạng lău〕，類似舞獅(弄獅)的雜耍。

(6)半小死：音〔buàⁿsiōrsì〕，要命，半死。（例）枵一下半小死：音〔yautsit-e~〕，餓得幾乎半死。

43

第5首

破厝造起用土結[1]，
Puàchụ tsọrkì yẹng toqat .

有門無通[2]暗密密，
Wụ mňg vortāng àm vatvāt .

眠床衫櫃[3]全木虱[4]，
Vinchňg saⁿqui tsuan vaksat .

偷渡來台足毋值[5]。
Taudo lai Tǎi tsiōk m̧ dāt。

破爛房屋是用土塊(磚)蓋起來的。

房屋有門扉而沒有窗戶，屋子裡面是黑漆漆的。

床鋪和衣櫃到處是跳蚤。

想起當初冒死偷渡來台灣，卻過這種生活，真是不值得！

註解

(1) 土結：音〔toqat〕，又作"土角"〔toqak〕，即土製大塊方型的磚，祇用太陽晒乾，不經火燒過。這種"土磚"蓋的房屋叫"土結(角)厝"〔~chụ〕。

(2) 無通：音〔vortāng〕，沒有窗子。通仔〔tang-à〕，即窗子、窗戶。

(3) 衫櫃：音〔saⁿqui〕，即衣櫃、衣櫥。

(4) 木虱：音〔vaksat〕，跳蚤。

(5) 足毋值：音〔tsiōk m̧ dāt〕，很不值得。

第6首

嚴官府會出厚賊[1]，
Giamquaⁿhù e̯ chūt qauchāt .

偷雞牽牛[2]免用力，
Tauqē kangŭ vēn yeng lāt .

貪官污吏無站節[3]，
Tamquaⁿwuli vor tsamtsat .

官逼民反拍死結[4]。
Quaⁿ bek vĭn huàn pāh sīqat。

苛政峻法的政府之下，會引
發眾多的違規犯法。

偷雞盜牛都用不著花費甚麼
力氣。

貪腐無能的官吏辦事沒分寸
，不按步就班來。

官府的苛政逼迫得人民無法
忍受，已經無解了。

註解

(1)出厚賊：音〔chūt qauchāt〕，作奸犯科的很多。
厚：多也，(例)厚話，即多嘴。賊，指
做壞事犯法的人。

(2)偷牽牛：音〔tau kangŭ〕，偷牛用拉的牽走。

(3)無站節：音〔vor tsamtsat〕，沒分寸，不按步就
班。

(4)拍死結：〔pāh sīqat〕，打了死結，糾纏成團再
也解不開了。

【第7篇】乾隆時代（上）60年（1735～1795）

第1首

雍正續落⁽¹⁾是乾隆，
Yongtsẹng suạlorh sị Kianliŏng .

雍正之後，接著就是乾隆的時代。

治台盛世⁽²⁾六十強⁽³⁾，
Dị Tăi sẹngsẹ laktsap qiŏng .

乾隆的統治繁榮發展，在位有六十年多。

廟寺牌匾比雌雄⁽⁴⁾，
Viọrsi bai bèn bī chuhiŏng .

各地寺廟懸掛匾額，歌功頌德，琳琅滿目。

王爺媽祖⁽⁵⁾香火旺。
Ong yă mātsò hiuⁿhuè ong。

最有人緣，受膜拜的王爺和媽祖的香火特別旺盛。

 註解

(1)續落：音〔suạlorh〕，接下去，接著。通常多說"續落去"，即接下去。

(2)盛世：音〔sẹngsẹ〕，繁榮發展的時代，乾隆帝堪稱是一位英明君主。其文治武功史上少可比美，對台灣的統治相當用心。

46

(3)六十強：乾隆在位六十年，因 "不便" 超越他的祖父康熙帝，所以生前就退位。

(4)比雌雄：較量上下(大小、優劣)。

(5)王爺媽祖：台灣的民間以 "王爺公" 和 "媽祖婆" 最有人緣、普遍。前者是 "武神" (將帥)保安全，後者是海神，庇祐航海平安。

第2首

保佑庄頭[(1)]慶豐年，
Bōr yu tsng tǎu kèng hong liǎn .

香灰[(2)]一包勝神仙，
Hiuⁿ hū tsitbāu sèng sinsiān .

割香[(3)]做醮[(4)]鬧翻天，
Quāh hiūⁿ tsòr tsior nạu huantiān .

戲棚演出日夜連[(5)]。
Hìběn yānchut ritya liǎn。

神佛保佑農村各地平安，慶
祝豐收。

寺廟裡的一包香灰，治病保
平安，靈驗勝過神仙。

進香的廟會和設壇祈禱的祭
拜，熱鬧得天翻地轉。

歌仔戲、布袋戲等各種戲台
，日以繼夜地演個不停。

註解

(1)庄頭：〔tsng tǎu〕：泛指鄉鎮村莊，又作"莊頭"。

(2)香灰：音〔hiun hū〕，香燃後剩下的粉末狀東西。

(3)割香：音〔quāh hiūⁿ〕，神佛信徒遠赴聖地寺廟
　　朝拜，即進香。

(4)做醮：音〔tsòr tsior〕，僧道設壇舉行祈禱，祭祀
　　的一種"拜拜"。有做平安醮，做水醮(祈求水災
　　平安或祭拜水死者)。

(5)日夜連：日以繼夜，連續不斷。

第3首

離鄉背井孤鳥身[1]，
Lihiōng buẹtsèⁿ qo tsiāu sīn .
迎神賽會[2]見鄉親，
Giasǐn sàihue qìⁿ hiongchīn .
車鼓[3]涼傘[4]宋江陣[5]，
Chiaqò niusuǎⁿ Sòngqang din .
人神聯歡謝天恩。
Rinsǐn lianhuān siạ tianyīn。

離開了家鄉，在外地孤孤單單的一個人，

在迎神祭祀廟會時，能夠跟鄉親見面最高興了。

車鼓戲、神輿的娘傘，還有宋江陣的表演好看又熱鬧。

迎神的廟會，人們和神佛一塊兒歡慶，真是感謝上蒼的恩惠。

註解

(1)孤鳥身：音〔qo tsiāu sīn〕，像一隻孤單的鳥子然一身，孤零零的一個人。

(2)迎神賽會：音〔giasǐn sàihue〕，迎接神輿繞境，神佛生日廟會時的各種祭祀相關的康樂活動。迎神，又說迎尫(gia-āng)，尫，尫仔指神佛塑(雕)像。

(3)車　鼓：音〔chiaqò〕，即弄車鼓，拍彩茶，是一種歌舞，亦有車鼓戲。

(4)涼　傘：音〔niusuǎⁿ〕，又作娘傘，即遮太陽的傘。為古代高官或寺廟的神傘。此處指在神輿前面的圓筒形的神傘。

(5)宋江陣：音〔sòngqang din〕，持各種武器的弄(舞)獅陣。

第4首

角桌椅條⁽¹⁾龍虎排⁽²⁾，
Qākdorh yīliău lenghō băi .

流水筵席⁽³⁾食無哀⁽⁴⁾，
Liusuì yansek tsiah vor-āi .

南北二路⁽⁵⁾通人知⁽⁶⁾，
Lambak r̦lo tong lang tsāi .

親情⁽⁷⁾朋友四面來。
Chin tsiăⁿ bengyù sì vinlăi。

方形桌子配上長矩形的椅子
，左右對稱排成列。

不斷地供應飲食的宴席，主
人慷慨毫不吝惜。

南北各地方的人，認識請客
的主人真是非常多。

親戚和朋友從老遠的四面八
方趕來赴宴會。

註解

(1) 角桌椅條：音〔qāk dorh yīliău〕，方型的桌子配
上四個長矩形的椅子。按椅條，訛音為〔yīliău〕。

(2) 龍虎排：左右對稱擺放成列。

(3) 流水筵席：不斷提供飲食的筵席。

(4) 無　哀：〔vor-āi〕，不出聲叫不平、異議。哀，
出聲哭，叫苦。

(5) 南北二路：南部和北部，泛指各地方。

(6) 通人知：〔tong lang tsāi〕，所有的人都知道，知
道的人非常多。

(7) 親　情：音〔chin tsiăⁿ〕，即親戚。

第5首

渡台禁令全面開⁽¹⁾，

渡航到台灣的禁令，終於全面解除了。

Dodtăi qìmleng tsuanvin kūi.

國內殖民對岸肥⁽²⁾，

但是清朝政府卻實施國內式的殖民統治，剝削台灣而使中國大陸受益。

Qōklai sitvĭn dùi huaⁿbŭi.

平埔土著上克虧⁽³⁾，

大批移民來台灣後，平埔族受盡種種的欺凌。

Beⁿbō tōdị siọng kēkkūi.

唐山⁽⁴⁾移民踏地雷⁽⁵⁾。

然而中國大陸來的移民大多數卻也處身危險境地。

Dngsuāⁿ yivĭn dạh dẹluị。

註解

(1)禁令全面開〔kūi〕：清康熙領台後頒行的渡台三
　　禁條例，在雍正和乾隆初年，曾經解禁又嚴禁。
　　到了乾隆25年(1760)遂全面解除禁令。

(2)對岸肥：音〔dùi huaⁿbŭi〕，福建方面受到經濟
　　利益。台灣的糖米輸出對岸，而進口對岸高價的
　　民生用品。台灣成為福建的米倉。

51

(3)上克虧：最吃虧，受害很大。閩粵的移民侵佔平
　　埔族原住民的土地、財產、女性……。

(4)唐山：音〔Dngsuā^n〕，指中國大陸。唐即唐朝，
　　中國古代的漢與唐兩個王朝建立大帝國而有盛名，
　　所以漢人和唐人指中國人，而唐山即唐朝領域。唐
　　山人、唐山客泛指中國大陸的人。

(5)踏地雷：大批移民台灣後，移民和平埔族，以及
　　移民間的矛盾爭鬥，加上官府貪腐，熱帶病……，
　　好比是到處有地雷。

第6首

閩客漳泉結冤仇[1]，
Vinkeh Tsiang Tsuăⁿ qiāt wansiŭ.

外來統治撚嘴鬚[2]，
Guaḷăi tōngdi liān chùichiū.

為着利權爭不休，
Widiorh likuăn tseⁿ būthiū.

械鬥[3]毋煞[4]天地愁。
Haidọ m̩ suah tiⁿde chiŭ。

閩南福佬人和客家人的族群矛盾，漳泉出身地不同，互相結下了仇恨。

外來統治者利用這些矛盾，加以分化統治而安穩自得。

移民之間為了某些利害關係，而不斷地爭鬥。

民間集體仇殺的悲劇反覆地發生，搞得天昏地暗。

 註解

(1)結冤仇：音〔qiāt wansiŭ〕，因利害矛盾爭執而結下仇恨。冤，爭吵也。冤家量債〔wanqe niutsẹ〕：爭吵不休。

(2)撚嘴(喙)鬚：音〔liān chùichiū〕，搓鬍鬚，喻安穩自得(享受)。又說蹺腳撚嘴鬚：蹺腳，音〔kiaukā〕。

(3)械鬥：音〔haidọ〕，大規模的民間互相殘殺，大多因為族群、出身地、姓氏等的矛盾或利益衝突引起。例如閩客鬥、漳泉拼、台灣諺語有："蔡抵(dù)蔡，神主牌仔摃摃破"，陳抵陳，攑(giāh)刀相殘(tsăn)。

(4)毋煞：音〔m̩ suah〕，不罷休，不結束。毋：不也、否也。煞：結束也。

【第 8 篇】乾隆時代（下）60 年（1735～1795）

第 1 首

三年亂後五年反[1]，
Saⁿ nǐ luạn au gọ nǐ huàn .

三年就有一次的民變，五年必有反抗滿清的大動亂。

官期三年兩年滿[2]，
Quaⁿ qǐ saⁿ nǐ nn̄g nǐ buàⁿ .

中國大陸派來台灣當官的任期是三年，但是才做了兩年多就調昇回去了。

台人迴避[3]台灣官，
Tai rǐn huepiah Taiwan quāⁿ .

台籍人不能就任台灣的官吏，台灣的官吏必須是來自福建五百里外的地方。

青面獠牙[4]充吏員。
Cheⁿ vin liaugĕ chiong lịwǎn。

在台任官的外省人、因不懂台語都會催傭一些懂本地語言的小官和差役，狐假虎威。

註解

(1)三年亂後五年反：清朝統治台灣212年(1683~1895)，大小民變之多被稱為："三年一小亂、五年一大反"，大多是抗官的民變。其中以康熙時的朱一

54

貴，乾隆時的林爽文，以及同治時的戴潮春事件
為清代三大民變。

(2)兩年滿：雍正末年以後，文官在台任期三年，卻
　　在兩年多就調回中國大陸。故俗諺有："三年官
　　兩年滿"。

(3)迴避：音〔huepiah〕，被派任台灣的官吏必須是
　　福建以外五百里地方出身。

(4)青面獠牙：音〔che^{n}vin liaugĕ〕，喻品行惡劣之
　　輩，惡形惡狀的人。

(5)吏員：政府機關內的小官吏和差役。

第 2 首

乾隆統治有雄風[(1)]，
Kenliǒng tōngdi wụ hionghōng .

乾隆統治時代，文治武功很有作為。

天地會[(2)]眾一等勇[(3)]，
Tendẹhuẹ tsiọng yīt dēng yòng .

反清復明的秘密組織，天地會的盟員很英勇。

南北串聯[(4)]結會黨，
Lambak chuàn lěn qiāt huẹdòng .

全台灣會黨的盟員，從南到北聯繫起來了。

林爽文[(5)]堪稱英雄。
Lim sōngvǔn kam chēng yenghiǒng。

天地會的首領林爽文聲勢浩大，稱得上是一位英雄。

 註解

(1)雄風：喻乾隆帝是一位英明君主，治世時有文治武功(號稱十大武功)，頗有作為。

(2)天地會：明亡後民間反清復明的秘密組織。林爽文加入天地會成為(彰化地方)盟主。

(3)一等勇：音〔yīt dēng yòng〕，最強壯英勇。

(4)串聯：〔chuàn lěn〕，一個一個地連接起來。

(5)林爽文：音〔lim sōngvǔn〕，漳州出身，移住大里杙莊(今台中大里)，務農組村眾自衛，加入天地會成為首領。乾隆51年(1786)因會員被濫捕，於草屯率眾起事，攻陷彰化城，殺知府(孫景燧)，即位建元順天。鳳山莊大田响應。曾一度攻克諸羅(嘉義)，全台震撼，動乱達15個月。清廷最後派福康安渡海來台，并發動「義民」(幫外來統治的台民)平定後，被押解北京處死。

第3首

草屯豎起⁽¹⁾反清旗，

Chāudụn sụkì huān Cheng qǐ .

攻陷彰化佔嘉義⁽²⁾，

Qong ham Tsianghuạ tsiàm Qagi .

清軍義民⁽³⁾聯合起，

C hengqūn givǐn lenhap kì .

動乱年外⁽⁴⁾被處死。

Dọng luan nigua bị chùsì。

林爽文的天地會，在台中草屯舉起反清的旗幟。

抗清的部隊攻入彰化城，也佔據了嘉義城。

清政府的軍隊聯合台灣本地的所謂"義民軍"，跟反政府軍對戰。

這次反抗滿清的動亂，持續了十五個月。最後、林爽文被處死刑。

註解

(1)豎起：音〔sụkì〕，樹立，垂直站立，舉起來。豎又作竪。

(2)佔嘉義：林爽文抗清被平定之前，嘉義本來叫做諸羅。事變後，乾隆帝對諸羅義民協助政府軍解除困危，勅令改名嘉義以示"嘉忠懷義"。

(3)義民：清代台灣的所謂“義民”，是從統治者的立場看的。不斷的動亂時，協助政府鎮壓民變的本地鄉勇，頗多是被地方士紳、地主角頭所僱傭的，涉及經濟利益與社會安定的矛盾，難免帶有外來統治者“幫兇”的性質。

(4)年外：音〔nigua〕，一年多，也說“冬外”。～外，即～多。

第4首

清廷過海調將兵[1]，
Chengděng quèhài diàu tsiòng bēng .

滿清政府調兵遣將，渡海到台灣對付民變。

泉客義民[2]來响應，
Tsuaⁿkeh gi̯ vǐn lai hiāng yěng .

台灣本地的泉州人和客家人民兵，響應政府的號召。

順天萬歲[3]呼未成[4]，
Su̯ntiān va̯nsu̯e ho vu̯e sěng .

林爽文登基年號"順天"，不久卻失敗了。

分類械鬥[5]拼無停。
Hunlui haido̯ biàⁿvor těng。

動亂被平定後，各種各類的民間集團相殘殺不斷發生。

註解

(1)調將兵：林爽文抗清民變波及全台，震撼清廷，多次派兵渡海鎮壓。最後，調陝甘總督福康安率大軍渡海，才告平定。

(2)泉客義民：泉州人和客家人在本地協助政府的民兵。因為林爽文是閩南人，漳州出身，有閩客、漳泉矛盾。

(3)順天萬歲：林爽文攻陷彰化後，穿龍袍即位，年號"順天"，屬下歡呼"萬歲"。

(4)呼未成：音〔ho vu̯e sěng〕，歡呼才一陣子，就失敗被捕處死。

(5)分類械鬥：因族群、出身地、信仰、宗姓、職業等不同，利益衝突引起集團殘殺火拼。

第5首

一府二鹿三艋舺[1]，
Tsṳthù rilōk saⁿ Vāngqah .

伴隨貿易經濟的發展，口岸
都市府城，鹿港和萬華也繁
起來了。

郊商[2]買官[3]較壓霸[4]，
Qausiōng vēquāⁿ kāh āhba .

郊商致富買官位成為政商，
享受特權把持經濟利益。

民番分治[5]社學教[6]，
Vinhuān hundi siạ hāk qạ .

移民和"土番"分別統治，
在番社設社學教化番童。

賜姓[7]漢化敢有合[8]？
Sùseⁿ Hànhuạ qām wụhāh ?

在漢化的浪潮下，又推行賜
漢姓的政策，對原住民不好
吧？

 註解

(1)一府二鹿三艋舺：台灣的開發由南而北，由港口
　　貿易的發達先後可以看出來。數字表示順序：府，
　　指府城台南，鹿即鹿港，艋舺就是台北萬華。
(2)郊商：音〔qausiōng〕，台灣由於海島的地理位
　　置，農業經濟很早在荷鄭時代就從事對外貿易。
　　清初雖在中國大陸封建体制壓迫下，仍然在雍正
　　時代(1720年代)以後，出現一種叫「郊」(或行郊：
　　hang qāu)的同業性質的貿易商集團。首先在府城
　　郊的次級中盤商叫"行"，通稱"郊行"或"行

郊"。進出口的對岸以廈門為準，以北的(上海、寧波…)叫"北郊"，以南(汕頭、香港)叫南郊。依業種又分"茶郊"和"糖郊"…。郊商可以說是政府公認的貿易商集團，取得某些商業特權。相對地對政府要提供某些代價，例如民變時扮演義民的角色捐錢，募民兵。

(3)買官：郊商取得政府認可的權益，回報政府，形成"政商"的關係。這種"豪商"又可以用錢買官位，因而經商和做官互為表裡，板橋林本源家最有名。

(4)壓霸：文言音〔āpbạ〕，白話(口語)音是〔āhbạ〕，意為霸道、專橫、獨佔(一切)。

(5)民番分治：雍正以後，採取民番劃分界綫分別施政，類似"一國兩制"。乾隆後更專設"理番廳"治理番地事務。

(6)社學教：音〔siạ hāk qạ〕，在番社設立學校叫"社學"，教化「番童」。

(7)賜姓：雍正以後，禁止(移)民番通婚以保護「土番」，卻又積極推行賜土番改漢姓的政策。乾隆時，尤其林爽文動乱後，因協助政府鎮壓反清民軍，乃大量賜漢姓加強漢化。

(8)敢有合：音〔qām wụhāh〕，合適嗎？有妥當嗎？敢~？是一種否定式反問句式，例："敢有？"，意為"沒有吧"！

第6首

乾隆武功又文治[1]，
Kenliŏng vūqōng yụ bundi .

艋舺[2]建造龍山寺[3]，
Vāngqah qèntsor Liongsansi .

諸羅斗六設書院[4]，
Tsulŏ Dāulāk siāt suyi[n] .

良壁[5]文儀[6]寫府志。
Liongbek Vungĭ siā hūtsĭ。

乾隆時代武功顯赫，文治之風盛行。

三邑的移民在萬華建造了龍山寺。

諸羅（嘉義）和斗六各地設立教學場所的書院。

劉良壁和余文儀先後撰著《台灣府志》和《續修台灣府志》。

註解

(1)武功又文治：乾隆時武功顯赫，例如征服新疆，平定台灣林爽文的動亂等號稱十大武功。文治方面有編纂四庫全書等。

(2)艋舺：音〔Vāngqah〕，平埔族凱達格蘭族語，意為獨木舟。原住民乘獨木舟至淡水河下游，今萬華與漢人做生意，稱為「蕃薯市」。日治時代於1920年，以〔Vāngqah〕(艋舺) 音與「萬華」

63

的日語讀音同，乃易稱"萬華"(音不變)。

(3)龍山寺：乾隆時，三邑的移民(晉江、南安、惠安)共同捐資興建的(萬華)龍山寺。

(4)書院：清代台灣的教學場所(學校)主要的叫書院。康熙時台南有崇文書院，海東書院。乾隆時諸羅有玉峰書院，斗六門有龍門書院。至清末，全台有46所著名書院。

(5)良璧：音〔liong bek〕，指劉良璧，湖南衡陽人，乾隆初年任台灣知府，分巡台廈道，著有《台灣府志》。

(6)文儀：音〔vungǐ〕，指余文儀，浙江諸暨人，任台灣知府(1760)，後任福建巡撫(1771)，編著《續修台灣府志》。

【第9篇】嘉慶時代 25 年(1795～1820)

第1首

乾隆讓位[1]互嘉慶，
Kenliǒng niụwi họ Qakẹng .

乾隆皇帝在生前就把帝位傳給嘉慶帝了。

頂代[2]拍拼[3]即代[4]閑，
Dēng dai pāhbiaⁿ tsīt dai yěng .

上一代努力的結果，讓這一代能夠悠閒。

想去台灣看光景，
Siuⁿ kì Taiwǎn kuàⁿ qong qèng .

據說嘉慶皇帝曾經想去台灣遊覽。

毋知吳沙[5]共番爭[6]。
M̩ tsai Goⁿ-sā qạ huān tsēng。

殊不知那時候，吳沙率領移民入宜蘭跟原住民鬥爭。

註解

(1) 乾隆讓位：音〔Kenliǒng niụwi〕，乾隆帝 (1711~1799)，在位約60年(1735~1795)，因不便超越他的祖父康熙帝的在位年數61年 (1661~1722)。於在位第61年(1795)就將帝位傳給嘉慶帝，4年後88歲才往生。

(2)頂代：音〔dēng dai〕，上一代。頂，即上(面)，
　　頂回即上回。

(3)拍拼：音〔pāhbiaⁿ〕，努力從事。如拍拼讀冊，
　　即努力讀書。

(4)即代：音〔tsit dai〕，這一代，即，為指示詞“
　　這”，如：即次，這回。

(5)吳沙：福建漳浦人，移住台北三貂嶺，與附近原
　　住民(平埔蛤仔難；Kavalan族)做番產交易。20年
　　後65歲時率移民約千人侵入宜蘭地方，驅逐原住
　　民開墾土地。2年後病卒，由其侄吳化繼續開拓。

(6)共番爭：音〔qa huān tsēng〕，跟原住民戰鬥。
　　共〔qa〕，介係詞“跟”，如共汝講，跟你說。

第 2 首

吳沙越過三貂嶺⁽¹⁾，
Goⁿsā watquẹ Samdiau niàⁿ.

開墾宜蘭⁽²⁾建頭城⁽³⁾，
Kai kùn Gilǎn qèn Tausiǎⁿ.

佳哉⁽⁴⁾天花救着命⁽⁵⁾，
Qa tsại tenhuē qiù diorh mia.

蘭陽平原設官廳⁽⁶⁾。
Lanyŏng beng guǎn siāt quaⁿ tiāⁿ。

漳州出身的吳沙，率領眾多
移民翻越過了三貂嶺。

他們進入宜蘭北部，跟原住
民戰鬥後，搶得土地建設了
頭城。

幸虧吳沙施藥救治了感染天
花的原住民。

幾年後，清廷准許開發蛤仔
難，並設置了噶瑪蘭廳。

註解

(1)三貂嶺：音〔Samdiau nià〕，三貂，即西班牙語
　　Santiago的音譯，今台北縣貢寮，清代屬凱達格
　　蘭族的三貂社。
(2)宜蘭：清代本是平埔Kavalan族群的居地。乾隆末
　　年，嘉慶初年(1796)，漳州人吳沙率漳泉客家移
　　民，從三貂嶺(貢寮)進入開墾蘭陽平原北部，逐
　　漸向南拓展。1812年設噶瑪蘭廳，1875年改制為
　　宜蘭縣。

(3)頭城：吳沙侵墾宜蘭北部，設土牆守禦，叫“頭
　　圍”，即今“頭城”。

(4)佳哉：音〔qa tsai〕，意為幸虧，亦說“好佳哉”。

(5)天花救着命：吳沙侵攻蛤仔難(宜蘭)時，原住民
　　染天花，吳沙施藥救治，減少敵對，並接段回報
　　而取得土地。

(6)設官廳：〔siāt quaⁿ tiāⁿ〕，設置“廳”級的行政
　　區制。吳沙開墾宜蘭(蘭陽)地方後，1810年清廷
　　始准開發蛤仔難，并於1812年設廳改稱噶瑪蘭(廳)。

第3首

蔡牽[1]海賊來侵犯。
Chuàkān hāichāt lai chimhuan .

福建出身的海賊首領蔡牽，前來台灣各地侵擾。

攻入鹿耳[2]淡水灣，
Qongrīp Loknì Dạm tsūi wān .

幾次攻入鹿耳門，搶掠淡水又企圖攻宜蘭。

劫走商船錢贖還[3]，
Qiāptsàu siongtsŭn tsĩⁿ siok huăn .

蔡牽攻進鹿耳門港灣，劫走了商船，船戶用錢才把船贖回來。

得祿[4]提督除禍患。
Dèklōk tedok du hǫrhuan。

閩浙的水師提督王得祿追擊海賊，消除了禍害。

註解

(1)蔡牽：福建同安人，十九世紀初在閩浙海域做海盜，并數次侵擾台灣西岸台南、淡水等口岸，歷十年多，被閩浙水師提督王得祿所平定。

(2)鹿耳：指鹿耳門，台南西部安平儿邊港灣。

(3)錢贖還：音〔tsĩⁿ siok huăn〕，用錢把被搶去的船換回來。

(4)得祿：指王得錄，江西人，嘉慶時在台海追擊海賊蔡牽予以救平。

第4首

十九世紀後山興[1]，
Tsapqāu sègkì ạusuāⁿ hēng .

台灣開發好光景[2]，
Taiwǎn kaihuat hōr qong qèng .

百姓有食佫[3]有穿，
Bēhsẹⁿ wụtsiāh qōrh wụ cheng.

二百萬人[4]拼前程。
Nṇg bāh vạnlǎng biàⁿ tsian tĕng。

十九世紀後，宜蘭、花蓮和台東等東部地方陸續開拓。

台灣的開墾發展，呈現了很好的景況。

老百姓吃得飽，也都穿得暖，日子過得還不錯。

兩百萬的台灣住民，大家在努力地追求美好的未來。

註解

(1)後山興：音〔ạusuāⁿ hēng〕，宜蘭、花蓮和台東等東部開發起來了。後山指宜蘭花東等地，在清初，乾隆以前一直因封山政策，清廷不准開墾，等於未收入版圖的化外之地。

(2)光景：音〔qong qèng〕，景況，風光景色。

(3)佫：音〔qōrh〕，更、又、再，(例)佫有：還有。佫來：再來。漢字有作：復、更、閣。

(4)二百萬人：台灣的人口，鄭王朝時代約20万人，到嘉慶後期，設噶瑪蘭廳(在宜蘭)時(1812)，人口已達二百萬人。1895年，割讓給日本時，人口有255萬人。

第5首

台灣島民海洋性，
Taiwăn dōrvĭn hāiyiuⁿ sẹng .

台灣島上的住民屬於在海洋
上活動的性格。

貿易集散[(1)]有本領，
Vọyēk tsipsuạⁿ wụ būnlèng .

對於從事海上貿易和海內外
的行銷很有本事(能力)。

南北海運[(2)]當興盛[(3)]，
Lambak hāiwun dng heng seng .

南北口岸互相往來的海上運
輸，正是暢行的時候。

郊行生理[(4)]分真明。
Qauhăng senglì hun tsinvěng。

郊行制度的經商方法，分類
分業很明確。

註解

(1)貿易集散：對外的進出口貿易和國內的行銷，聚
集和分散(銷售)產品。

(2)南北海運：清代台灣因河流多東西流而湍急，南
北陸上交通受河流阻隔不便。反而河口的口岸船
隻南北暢通無阻，叫 "台運"。

(3)當興盛：音〔dng heng seng〕，正在興盛，正當
盛行。

(4)郊行生理：郊行做生意(經商)的做法。郊為一種
商業集團(公會)，行是郊下的次級商團。依口岸
分北郊、南郊、頂郊、下郊。依業種分糖郊、茶
郊、布郊等。

第6首

看戲解悶[1]敬神明,
Kuà"hì qāivun qèng sin věng.

三伯英台[2]演癡情,
Sambek yengdǎi yēn chitsěng.

亂彈[3]戲出受歡迎,
Luạnduǎ" hìchut siụ huangěng.

諺語歌謠[4]大流行。
Gạngù quayǎu duạ liuhěng。

看演戲和逛廟會可以解除寂寞苦悶,也可以敬神祈福。

梁三伯祝英台戀愛故事的戲劇,所演癡情動人。

亂彈戲內容豐富,很受歡迎,也最為興盛的了。

開拓的艱難,經驗的結晶,表現在諺語歌謠,普遍地傳承下來。

 註解

(1)看戲解悶:音〔kuà"hì qāivun〕,清代台灣移民多為單身漢,生活孤寂,廟會節慶演戲是最可解消愁悶,又是可以敬神祈福。一般移民大多喜歡看戲。

(2)三伯英台:即梁三伯祝英台,兩人同窗求學的戀愛故事,發生於浙江,很早就傳入閩南。清乾隆47年(1782)已有泉州方言的戲文本《同窗琴書記》在流傳了。

(3)亂彈:戲劇名稱,亂彈戲(北管)是清代乾嘉以後,至日治近代台灣民間最興盛的戲種。

(4)諺語歌謠:逛廟會,看戲的娛樂之外,一般生活中,民間故事、笑話、諺語則是庶民文化生活的教化材料,滋潤精神的食糧。

【第 10 篇】道光時代 30 年(1820～1850)

第 1 首

道光時代阿片災[1]，
Dọrqōng sidai a-pèn tsāi.

禁煙戰爭惹禍害，
Qìmyēn tsèntsēng riā họrhai.

滿清國運倒頭栽[2]，
Vuānchēng qōkwun dòrtau tsāi.

連累台灣堪悲哀。
Lenlui Taiwăn kạm bi-āi。

道光皇帝的時代，由於阿片的問題，引發了戰爭的災難。

為了禁止買賣和吸用阿片而發生戰爭，導致種種禍害。

滿清王朝的國家命運，開始傾頹而衰微。

因而也連帶拖累了台灣，遭受到悲慘的苦難。

註解

(1)阿片災：因阿片的問題而引發紛爭，以至於戰爭。
購買阿片造成財政的重大負担，而對個人身心健
康的戕害尤為可怕。台灣民間有告誡吸阿片的歌
仔：『食着阿片真該死，腳骨手骨若(nā)鉄枝，
有錢通趁(tang tạn)儎當(vuẹ dàng)去，倒著(di)床
頂像大豬』

(2)倒頭栽：音〔dòr tau tsāi〕，頭部向下栽下去。倒
頭，頭部向下。

第2首

英國滬尾(1)賣阿片，
Yeng qok Hǫvuè vẹ a-pẹn .

英國人來淡水販賣阿片。

食着(2)阿片真過癮(3)，
Tsiahdiǫrh a-pẹn tsin què gẹn .

吸上鴉片時，真的很舒服，有滿足感。

騰雲駕霧若神仙(4)，
Tenghǔn qàvu nā sin sēn .

幻想在雲和霧上面飛走，好像神仙似的。

若無即味(5)死硬硬(6)。
Nǎvor tsīt vi sī gẹⁿ gẹⁿ。

如果沒了這一個味道兒，那就變成僵死的狀態了。

註解

(1)滬尾：音〔Hǫvuè〕，今淡水，1827年英國人來
淡水賣阿片。

(2)食着：音〔tsiahdiǫrh〕，喫上了，吃到了，如果
讀音是：〔tsiahdiōh〕，即「着」讀第8聲時，意
為“吃的感覺……”。(例)食着好食：吃起來好
吃。

(3)過癮：音〔què gẹn〕，感覺舒服，滿足(某種)愛
好。

(4)若神仙：音〔nā sin sēn〕，仿若神仙，好像變成了神仙。若，音〔nà〕，連音節讀時變陰平(1聲)調，意為：好像。

(5)若無即味：音〔navor tsīt vi〕，如果沒有這項滋味(東西，此處指阿片)。若：音〔na〕第7聲，連讀變調為第3聲。即味，意為這個東西(吃的)。

(6)死硬硬：音〔sī ge^n ge^n〕，喻僵死狀態。

第 3 首

採伐樟腦鬧紛紛[1]，
Chāihuāt tsiuⁿ lòr naụ hun hūn .

頭圍[2]反清林泳春 [3]，
Tauwǐ huān Chēng Lim yēng chūn .

鳳山建設曹公圳[4]，
Họngsuāⁿ qiànsiat Tsorqong tsuṇ .

農田水利靠穩穩[5]。
Longdiǎn tsūili kòr wūn wùn。

官府對於採樟伐木處理不公平，鬧得雞犬不靈。

頭城地方採樟伐木的小匠首、林泳春起來造反。

鳳山知縣曹瑾開拓圳渠，引下淡水溪的水，灌溉鳳山地方的農田。

有了曹瑾開的圳渠，鳳山一帶的農田水利就確實可靠了。

註解

(1)鬧紛紛：紛爭不斷，接二連三地發生糾紛。

(2)頭圍：即今頭城。

(3)林泳春：道光初年，宜蘭地方採樟伐木的小匠首。因不滿官方偏袒大匠首，終於1823年初造反攻擊青潭，結果失敗被捕處死。

(4)曹公圳：音〔Tsorqong tsṇ〕，曹瑾主導開拓建
設的圳溝。曹瑾是河南人，1837年調任鳳山縣知
縣，開建九曲塘(今九曲堂)，引下淡水溪的水，
灌溉鳳山地方農田三万多畝，130公里圳渠。今
鳳山市內有曹(瑾)公祠。

(5)靠穩穩：音〔kòr wūn wùn〕，喻確實可靠沒問題。

第4首

天旱地苦民枵饑[(1)]，
Tēn han de kò vǐn yauqī .

官府糊塗失機宜[(2)]，
Quaⁿhù hodǒ sīt qigǐ .

張丙[(3)]起義為護米，
Diuⁿ biàⁿ kīgi wi họvì .

南台動乱[(4)]窺[(5)]嘉義。
LamTǎi dọngluan kuī Qagi。

很久沒下雨的旱災，地上作物收成不好，人們在鬧饑荒。

政府處理鬧米荒的問題，管制米糧做法失當。

張丙負責護米糧竟被誣告受懲治，乃起而反抗政府。

護米與盜米的事件引發了南台灣的大動亂，目標在攻佔嘉義。

 註解

(1)民枵饑：音〔vǐn yauqī〕，人民饑餓。枵：肚子餓。如說，枵饑失頓(sīt dṇg)，三餐不繼。

(2)失機宜：應付不當，未能掌握時機處事。

(3)張丙：音〔Diuⁿ biàⁿ〕，嘉義店仔口(白河)人，1832年旱災鬧米荒，負責護米卻被誣告。憤而起義，攻塩水港，殺知府呂志恒，自稱「開國大元帥」，年號「天運」。多次攻嘉義不利，扯上閩粵矛盾，兩個月後，失敗被捕處死。

(4)南台動乱：1832年秋，張丙起義反清時，彰化黃城攻陷斗六，鳳山許成也响應起事，形成南台動乱的局面。惟多次攻嘉義均失利，卒被平定，前後兩個多月。

(5)窺：音〔kuī〕，由小孔探視，喻，目標鎖定在⋯⋯。

第5首

姚瑩道台[1]禁煙毒，
Yau-yĕng dọrdăi qìm yendōk .

強制賣毒真可惡，
Qiongtsẹ vẹdōk tsin kōr-ok .

英艦侵台掠來搦[2]，
Yenglam chimTăi liahlai riōk .

昇賞革職受人啄[3]。
Sengsiùⁿ qēktsit siụlang dok。

台灣兵備道的道台姚瑩、嚴格進行禁止鴉片毒品。

英國人為了商業利益，強行販賣阿片，真是可惡！

侵犯台灣港口的英國軍艦被擊敗，被俘的英軍亦被殺掉了。

禁止阿片，擊退英軍的道台姚瑩和總兵達洪阿受昇官賞賜後，卻又被革免了官職。

 註解

(1)姚瑩道台：指1836年任台灣兵備道的姚瑩。姚為安徽人，在任中嚴禁阿片(1838)，阿片戰爭時，與總兵達洪阿防守海岸。1841年8月，英艦Nerbudda 號侵入基隆被擊，英軍被俘、被殺。1842年初，英艦Ann號在大安港被擊破，英軍被俘殺。其後英軍企圖犯台均不得逞。姚瑩和達

洪阿兩人因功昇賞。惟阿片戰爭清國戰敗後，英
使追究俘虜之罪，姚達兩人都被革(免)職。

(2)掠來搦：音〔liahlai riōk〕，抓來修理。掠，抓、捕。
搦、用五指任意搓揉掌中的東西。又讀〔lāk〕。這
裡喻把抓來的俘虜任意殺掉。

(3)受人啄：音〔siụlang dok〕，任人隨心所欲地宰
割。啄，鳥類用嘴取食。用欺騙手段佔別人的便
宜，如買珠寶互人啄去。這裡喻任人欺負。

第6首

徐宗幹[1]紳民約定，
Chi tsong-qan sinvĭn yōkdeng .

排外禁煙訂真明，
Baigua qìmyēn deng tsinvěng .

叛民陣陣[2]無叛兵[3]，
Puànvĭn dĭndin vor puànbēng .

各地方志[4]已印成。
Qōkde hongtsĭ yī yìnsěng。

台灣兵備道徐宗幹頒了〈全台紳民公約〉，嚴禁阿片，激烈排外。

道光末年，在台灣排外，禁阿片，煙法令非常嚴明。

清領台灣一百多年來，反政府的民眾前仆後繼，可就沒有叛亂的士兵。

十九世紀中期，各縣、廳的地方志歷史書編印好了。

註解

(1)徐宗幹：江蘇人，1848年任台灣兵備道台。1850年頒訂「全台紳民公約」，強烈排外，嚴禁鴉片。

(2)叛民陣陣：音〔puànvĭn dĭndin〕，對抗政府叛變的人民，一大群又一大群不斷地出現。

(3)無叛兵：音〔vor puànbēng〕，沒有向政府叛變的軍人、士兵。清朝時代台灣的士兵來自對岸各地，多有眷屬全留做人質在對岸，在營裡互相顧忌。

且兵與民素有相仇之勢，兵民不和，是有叛民而無叛兵。

(4)各地方志：各地方的歷史記述，地方志。道光時代有：周璽《彰化縣志》(1832，周於1826年任彰化知縣)，柯培元《噶瑪蘭廳志》初稿(1832)。此外姚瑩有《東槎紀略》，蔣鏞有《澎湖志略》。

【第 11 篇】咸豐時代 11 年(1850～1861)

第 1 首

咸豐歹命[1]mạ[2]苦勞，
Hamhōng pāiⁿmia mạ kōlǒr .

亞羅事件[3]惹風波，
Alǒr sụqiaⁿ riā hongpōr .

英法聯軍[4]爆戰禍，
YengHuat lianqūn bok tsènhor .

帝京震撼無所靠[5]。
Dèqiāⁿ tsīn ham vor sōkǒr。

咸豐皇帝說起來真是命不好，又辛苦勞累。

英國船亞羅號的事件，招惹了許多糾紛和亂子。

英國和法國的聯合軍，挑起了侵攻清國的戰爭禍害。

滿清首都北京，被英法的軍隊所威脅引起大騷動，卻毫無抵禦的辦法。

註解

(1)歹命：音〔pāiⁿmia〕，命運不好，謂咸豐帝雖貴為皇帝，但英法聯軍來侵攻佔領天津，進逼北京時，卻無抗敵的軍隊可用而必須逃命出走逃命。

(2)mạ：意為 "也"，"亦"，漢字或作 "嘛"，可作 "也"，音〔ạ〕。

84

(3)亞羅事件：指英船"亞羅"號事件。1856年10月，廣州官員擅自登亞羅號船上搜捕本國人水手，引發衝突。英軍攻廣州，而民兵燒洋行。

(4)英法聯軍：亞羅事件引爆了清英在廣州的戰火，同時法國傳教士在廣西遇害。1857年7月，英法組成聯軍攻佔廣州(3年之久)并北上攻佔天津，直逼北京。清廷先後與清國簽訂天津條約(1858)和北京續約(1860)，影响所及，台灣被逼開港通商。

(5)無所靠：沒有可以依靠的(人或物)。這裡指沒有可以用來抵禦來侵攻的英法軍隊的任何力量。

第2首

大軍壓境[1]火力粗，
Dąiqūn āpqèng huēlēkchō .

滿朝文武無步數[2]，
Vuāⁿ diău vunvù vor bọsŏ .

外夷[3]欺人像家奴[4]，
Guạyĭ kirĭn chiụⁿ qalŏ .

帝君倉皇[5]逃生路。
Dèqūn chonghŏng dor seⁿlo。

龐大的軍隊逼近過來，擁有威力極大的武器。

整個朝廷的文武百官，毫無計策可施。

外國敵人欺負清國的人，好像是對待自家的奴隸。

咸豐帝慌張，匆忙地逃出京城求生去了。

註解

(1)大軍壓境：音〔dạiqūn āpqèng〕，大批軍隊逼近過來。

(2)無步數：沒辦法。步數：辦法、做法，術策，計策。

(3)外夷：外國人，指英國和法國人。

(4)家奴：家裡的奴僕，或奴隸、奴才。

(5)倉皇：音〔chonghŏng〕匆忙又慌張。又說青狂〔cheⁿqŏng〕或趕狂〔quāⁿqŏng〕。

第3首

秀全起義太平軍[1]，
Siù-tsuǎn kīgi tàibengqūn .

攻破南京靠天運[2]，
Qongpuạ Lamqiāⁿ kòr tiⁿwun .

天國降臨[3]無許順[4]，
Tenqok qàng lǐm vor hiāhsun .

台灣捷來[5]外國船。
Taiwǎn tsiap lǎi guạqōk tsǔn 。

洪秀全起兵反清建立太平天國，他的軍隊號太平軍。

太平天國的軍隊攻佔南京，也算是受到上倉的庇祐吧。

上帝的天國樂土，要在這人世間出現，恐怕沒那麼簡單。

這個時候，台灣真是多事之秋，外國的船艦出入頻繁。

註解

(1)太平軍：洪秀全起義反清，建立太平天國，其軍
　　隊號稱太平軍。

(2)靠天運：音〔kòr tiⁿwun〕，有賴於上天(上帝)的
　　庇祐。太平天國信仰基督教上帝，攻克南京响應
　　者多，上帝在加護？

(3)天國降臨：天上樂土降臨到大地出現。

(4)無許順：音〔vor hiāh sun〕，沒那麼順利。許，
　　俗音〔hiah〕，那麼…。

(5)捷來：音〔tsiạp lǎi〕，常常來，來得很頻繁。

第4首

淡水英國早有份[1]，
Dạmtsuì Yengqok tsà wụ hun .

英國商人早就來到淡水，佔有做生意的市場了。

煤鑛樟腦攏想分[2]，
Muikọng tsiuⁿlòr lōng siụⁿbūn .

他們不但是想開發基隆的煤鑛，更想做樟腦的生意。

美國培里雞籠巡[3]，
Vīqok Puelì Qelàng sŭn .

美國艦隊司令培里提督，也經由日本來雞籠調查煤鑛。

海上貿易熱滾滾[4]。
Hāisiang vọyēk riat qūnqùn。

十九世紀中葉的這個時候，台灣西海岸的海上貿易非常興盛。

註解

(1) 早有份：音〔tsà wụ hun〕，早就分享到了，佔有了。英國捷足先登，在1827年就到淡水販賣鴉片，後來又用鴉片換樟腦。

(2) 攏想分：音〔lōng siụⁿbūn〕，統統想分享。英國不但對基隆的煤鑛，而且對宜蘭方面的樟腦都想取得利權。

(3) 培里雞籠巡：美國艦隊司令培里(M.C.Perry)提督逼使日本開港後，順道來雞籠(1854)停泊10日，調查煤鑛。

(4) 熱滾滾：音〔riat qūnqùn〕，熱騰騰，喻熱鬧興盛。

第5首

漳泉械鬥猶毋煞⁽¹⁾，
Tsiang Tsuăn haidọ yāum̩suah .

漳州人和泉州人之間的集體武力衝突，仍然不斷地發生。

開埠⁽²⁾通商顧生活⁽³⁾，
Kuibō tongsiōng qò seⁿ wāh .

在英法的逼迫之下，開放港口通商，應該注重民生。

北部政經勢展大⁽⁴⁾，
Bākbo tsèngqēng sẹ dēn dua .

台北地方由於對外通商，經濟發展，政治勢力也大大超越了南台灣了。

後山猶原⁽⁵⁾著化外⁽⁶⁾。
Ausuāⁿ yuguăn dị huàgua。

台灣東部的後山地方，仍然落後停留在教化之外的狀態。

註解

(1)猶毋煞：音〔yāu m̩ suah〕，依然不結束。猶，還、仍然。毋煞，不願結束，終止。煞，結束、終了。

(2)開埠：音〔kuibō〕，開放港口對外來往通商。埠，即碼頭(例：埠頭)，有港口的城鎮。

(3)顧生活：照顧生活，喻重視民生、拼經濟。

(4)勢展大：勢力發展(轉變)成為強大的力量。展大，變成強大。

(5)猶原：音〔yuguăn〕，仍然、依舊。

(6)著化外：音〔dị huàgua〕，停留在未接受教化的落後狀態。著，方位介系詞，意為"在"。(例)著厝裡，在家裡。

第6首

滬尾[1]安平做正港[2]，
Họvuè Anbĕng tsòr tsiàⁿqàng .

大稻埕[3]內全洋行，
Dụạdiụdiăⁿ lai tsuan yiuⁿ hăng .

砂糖米茶有夠芳[4]，
Suatŏg bīdĕ wụ qàu pāng .

台灣樟腦世界紅[5]。
Taiwăn tsiuⁿlòr sèqài ăng。

開埠通商後，淡水和安平兩個口岸成為進出口上等貨的港口。

台北市延平北路和迪化街一帶的大稻埕地方，到處是洋西人的商行。

台灣出產的蔗糖、稻米和茶葉，實在是美味可口！

台灣生產加工的樟腦，走紅全世界無與倫比。

註解

(1)滬尾：音〔Họvuè〕，即今淡水，位於淡水河口。1858年英法天津條約及其續約北京條約(1860)，清廷同意台灣開放口岸通商以時淡水為首要口岸。1861年英國首任駐台領事史因和(R. Swinhoe) 即在淡水設立領事館和海關。

(2)正港：台灣對外開埠通商以淡水和安平為主要口岸（正港），另以基隆和高雄分別為"子口"（副港）。子口只收半稅而被改為"外口"。從正

港進出的貨物為最上級貨，故"正港"意為"貨真價實"。

(3)大稻埕：音〔Duạdiụdiǎn〕，原意是大型曬稻穀的空地，指今台北車站後車站至淡水河沿岸，延平北路（迪化街）為中心一帶。埕，露天的場子，(例)"塩埕"。庭〔diǎn〕，門外的小型空地，(例)"門口庭"。

(4)有夠芳：音〔wụ qàu pāng〕實在很香。有夠…，即真的是…。(例)有夠好食，真的實在好吃。

(5)世界紅：紅遍全世界，在全世界走紅、有人氣(緣)，好名聲。

【第 12 篇】同治時代 13 年(1862～1874)

第 1 首

同治在世上蓋短[1]，
Dongdi tsaisẹ siangqài dè.

同治皇帝，活在世上的時間最短的了。

兩宮聽政[2]開惡例，
Nṇgqēng tiaⁿtsĕng kui ōkle .

東太后和西太后兩位後宮，母后垂簾在幕後掌管朝政，創下了惡劣的前例。

慈禧霸道[3]真女帝，
Tsuhī bàdor tsin lūdẹ .

西宮的慈禧太后專橫，做起真正的女皇帝來了。

皇上掛名[4]實做假。
Hong siong quàmiǎ sit tsòrqè。

同治皇帝年紀幼少，在位時由母后掌管政務，自己祇是做個有名無實的假皇帝。

註解

(1)上蓋短：音〔siạng/ siọng qài dè〕，最短。上，最也。蓋，很也。"上蓋"有被誤成"尚介"，不取。同治在世只活到十九歲，六歲即位，13年後就死了。同治無子，傳位族弟光緒亦才四歲，34

年後死了又傳位溥儀(宣統)亦僅三歲。他們全都是幼童做皇帝，大人可以操弄權柄。

(2)兩宮聽政：同治即帝位才六歲，政務由東太后和西太后(生母)共同垂簾聽政，在幕(簾)後操控。

(3)慈禧霸道：西太后慈禧是同治帝的生母，專橫霸道凌駕正宮嫡配的東太后。

(4)皇上掛名：同治帝六歲即位，十九歲就死了，在位期間專橫的生母西太后操控政務，皇帝只是掛個名，毫無實權。

第2首

彰化反清戴潮春[(1)]，
Tsiang-huạ huānChēng
Dè diọrchūn.

彰化的富豪戴潮春，因為受不了官府的勒索，組織天地會反抗清朝的統治。

天地會黨抗官軍，
Tendẹ huẹdòng kòng quaⁿqūn.

天地會的盟員，大舉起義對抗官軍，進行攻擊。

義民助虐[(2)]一大群，
Givĭn tsọgiōrh tsit dua qŭn.

本地民間組織訓練的眾多鄉勇民兵，卻去幫助暴虐的外來統治者。

戰鼓[(3)]三年遍地滾[(4)]。
Tsiànqò saⁿnĭ pèndẹ qùn。

戴潮春反清的戰爭動亂，在中部地方遍地烽火，持續了三年之久。

 註解

(1)戴潮春：彰化富豪，因不堪官府勒索，成立天地會攻佔彰化(1862春)，自立為東王。

(2)義民助虐：音〔givĭn tsọgiōrh〕，本地民間的鄉勇民兵，幫助暴虐的滿清外來統治者。

(3)戰鼓：古時在戰場打仗，為了鼓舞士氣而打的鼓，喻打仗。

(4)遍地滾：鼓在到處滾動，喻到處有戰鼓的聲响，烽火遍地。

94

第 3 首

美國商船⁽¹⁾困恆春，
Vīqok siongtsǔn kùn Hȩngchūn .

廈門領事⁽²⁾夯怨恨⁽³⁾，
Ȩmǐng lēngsu gau wànhin/hun .

軍艦來犯顛倒損⁽⁴⁾，
Qunlạm laihuan dendòr sùn .

番王訂約⁽⁵⁾主權分⁽⁶⁾。
Huan-ǒng dȩngyok tsūquǎn hūn。

美國的商船羅發號，遭遇風災擱淺在恆春附近的海岸。

駐廈門的美國領事李仙德，怨恨連連。

美國派遣軍艦來問罪，戰事失利反而傷亡損失不少。

李仙德領事獨自進入番地，在清朝官員立會下，跟番王簽訂國際協約，分割了主權。

註解

(1)美國商船：美國的商船羅發號(Rover)於1867年3月，由汕頭出發遇風漂至恆春附近觸礁。船長等人登陸後被原住民殺害，是為"羅發號事件"。

(2)廈門領事：指羅發號事件發生時的美國駐廈門領事李仙德(Le-Gendre)。

(3)勢怨恨：音〔gau wànhin/hun〕，抱怨仇恨得厲害。勢，即很會的意思。

(4)顛倒損：反而受到損害。羅發號事件發生後，美國派二艘軍艦到瑯𤩝 (恆春)，結果其中一個艦長戰死。

(5)番王訂約：羅發號事件延燒了半年，台灣當局與美國共同出兵進剿恆春原住民沒進展。美國領事李仙德獨自入番社，跟十八番社頭目卓其督在官方立會之下簽訂了"國際協約"。這形同分割了台灣的一部分主權，成為三年後牡丹社事件日本干涉的藉口。

(6)主權分：音〔tsūquǎn būn/hūn〕，分割主權，分享主權。

第4首

通商傳教做伙來[1]，
Tongsiōng tuanqạu tsòrhuē lăi .

對外開港通商後，傳教士也
跟著到台灣來傳教了。

南台府城英國派[2]，
LamTai Hūsiǎⁿ Yengqōk pại .

南台灣以台南為中心，屬於
英國長老教會的教區。

北台加國歸馬偕[3]
BākTǎi Qaqok qui Mākāi .

北部台灣大甲以北，以淡水
為中心，是加那大長老教會
馬偕牧師在主導。

羅馬字母[4]救全台[5]。
Lormā rịvòr qiù tsuan Tǎi。

長老教會用羅馬字母注音、
拼音台語，拯救了台語文化。

註解

(1)做伙來：音〔tsòrhuē lăi〕，一起(塊)來。做伙，
即一塊儿，共同。

(2)英國派：英國的勢力，派系。

(3)歸馬偕：音〔qui Mākāi〕，隸屬於馬偕。馬偕、
蘇格蘭人移住加那大為長老教會牧師。1872年到
台灣，在淡水、宜蘭、新竹等地傳教兼行醫(齒科

為主)。先後設立醫館，創辦牛津學堂女學堂，與五股的台灣女性(陳蔥仔)結婚，享年57歲(1844~1901)。

(4)羅馬字母：指abc 等26個羅馬字母。英國長老教會牧師在鴉片戰爭時代，為了在廈門傳教，設計用羅馬字母拼注廈門話讀音，叫做(方言)教會羅馬字。19世紀後葉，隨教士來台傳教傳來台灣，引進西洋文化。

(5)救全台：意謂羅馬字隨同長老教在台灣南北各地傳教，負起教育的功能，同時對台語的發展也多所貢獻。

第5首

琉球船民遇海難[1]，
Liu-qiŭ tsunvĭn gụ hāilan .

高士法番太兇殘[2]，
Qorsụhuat huān tài hiongtsăn .

石門戰[3]禍牡丹番[4]，
Tsiorh mǐg tsiànhor Vōdanhuān .

日本侵台頭一層[5]。
Rītbùn chim Tăi tau tsittsăn。

琉球人搭乘的船隻，在海上遇上暴風，漂流到恆春附近。

船上的難民好不容易上了岸之後，大多數被高士法社的原住民殺害了。

由於清廷的無知與無能，引來日本干涉出兵，進攻牡丹社，在石門激戰，社番犧牲慘重。

日本侵略台灣，殖民統治台灣，這是序幕的開始。

註解

(1)遇海難：在海上遇風災漂流，觸礁發生的事故。
　　這裡指琉球人的兩艘船，1871年12月，在海上被
　　暴風吹襲漂流到台灣東南海岸(恆春附近)的八瑤
　　灣。

(2)太兇殘：太過於兇惡殘忍，殺很多人。指琉球人遇海難，上岸後66人中有54人被高士法番殺害。

(3)石門戰禍：琉球人被台灣的原住民殺害事件，清廷不治罪，引來日本藉口干涉。1874年5月，日本西鄉從道率軍進攻牡丹社，在石門激戰。

(4)禍牡丹番：禍殃及牡丹社原住民。按牡丹社的原住民，因為參與殺害琉球人，牡丹社被日軍侵攻，頭目父子均戰死，被征服，是為牡丹社事件。

(5)頭一層：第一件…。層〔tsăn〕，量詞，表示事情、事件的量詞。(例)"代誌一層qōrh(又、更)一層"：事情一件又一件。

第6首

化外之民⁽¹⁾化外地，
Huàgua tsivǐn huāgua de .

朝廷的政令和教化管不了的人民，也達不到他們所居人住的地方。

顢頇廷臣⁽²⁾將台賣，
Muanhān dengsǐn tsiọng Tǎi ve .

無知糊塗又無能的大臣，把台灣給出賣了。

建台葆楨⁽³⁾第一個，
QènTǎi Bōrtsēng dẹ yīt ě .

沈葆楨可以說，是建設台灣近代化基礎的第一個人。

日寇揚氣⁽⁴⁾敢得体⁽⁵⁾？
Ritkọ yang kị qām dēktè ?

日本強盜揚眉吐氣，所做所為真的合理沒問題嗎？

註解

(1)化外之民：法律和教化達不到的人民。琉球人海難漂流到恆春上岸後，54人被原住民殺害，清廷不予問罪，引來日本政府的干涉。在北京交涉時(1873年2月)，毛昶熙對日本副島種臣說；「台灣生番是化外之民」，意為政府管不到。

(2)顢頇廷臣：糊塗、馬虎無能的大臣。

(3)建台葆楨：建台是說建設台灣。葆楨〔Bōrtsēng〕，指沈葆楨，是禁止鴉片的林則徐的女婿。福建侯官人，任船政大臣。日本侵台時(1874)奉派到台灣專辦對日交涉并籌辦防務。在台灣開始籌辦洋務，點燃台灣近代化的火苗。同時，奠下台灣建省的基礎。一方面開放大陸移民台灣，推行「開山撫番」政策，促進了後山(東部)的開發。可惜他在台期間，兩次合計才一年，享年59歲。

(4)日寇揚氣：音〔Ritkọ yang kị〕，日本強盜（盜賊）揚眉吐氣，事成而得意。台語有"臭揚"〔chàu yang〕：對某項成就而自鳴得意，貶語。

(5)敢得体：果真是做得合適嗎？按日本侵台事件，為了替54名被殺的琉球人討公道，而動員了陸海軍和軍役六千多人。病死和戰死500多人，耗掉軍費770多萬圓，而從清國獲得67萬圓的賠款。不過亦因此，日本兼併了琉球王國變成沖繩縣(1879)，并開啟了20年後攫取台灣成為它的殖民地的序幕。

【第 13 篇】光緒時代(上) 20 年(1875～1895)

第 1 首

光緒四歲(1)作皇帝，
Qong-su sì huẹ tsòr hongdẹ.

有時趺倒(2)土腳(3)爬，
Wụsǐ buahdòr tokā bě.

垂簾聽政(4)加舉枷(5)，
Suiliǎm tiaⁿtsẹng qe giaqě.

歸尾(6)台灣被出賣。
Quivuè Taiwǎn bị chūtve。

清朝的光緒帝四歲就登基做
了皇帝。

有時候跌倒了，還在地面上
爬。

皇帝的母親坐在皇帝的背後
的簾子後面參與政務，多此
一舉的背負責任。

最後，台灣還是被出賣割讓
給日本了。

註解

(1)光緒四歲：1874年12月，同治帝載淳病死 (6歲
即帝位，在位13年，享年才19歲，無子)，母親
西太后將同治的族弟載恬立為皇帝，就是光緒帝
才四歲。光緒帝因此一生多被慈禧(西太后)所宰
制，傳說最後被西太后"毒殺"(1908年，享年

37歲，比西太后早一天死)。

(2)跋倒：音〔buah dòr〕，跌倒，身體失衡倒下去。

(3)土腳：音〔tokā〕，地面、地上。"土"又作"塗"。腳在台語泛指"低下的部分"，例如：山腳(山下)，樹腳(樹下)，桌腳(桌下)，眠床腳(床舖下面)…。

(4)垂簾聽政：小孩子做皇帝無判斷能力，由母后坐在後邊過問政事。這時在帝后之間掛個簾子半遮起來，卻隱約可見，視為垂簾聽政。

(5)加舉枷：音〔qe gia qě〕：加，即多餘，多此一舉。舉枷：頸部戴上枷板(一種刑具)，意為受罰，受罪。

(6)歸尾：音〔qui vuè〕到頭來，終了，末了，最後。例，終歸尾：結局，最後。

104

第2首

開山撫番[1]沈葆楨，
Kui suāⁿ vūhuān Sim-bor tsēng.

沈葆楨到台灣即解除禁止漢人進入山番地的政策，進行安撫番民。

洋式防務[2]蓋[3]高明，
Yiuⁿsek hōngvu qài qorvěng.

沈葆楨辦理洋式武器防禦工程，可說是務實高明。

行政劃分[4]講效能，
Hengtsẹng huẹhūn qōng hạulěng.

行政區劃分增加行政單位，講求效率。

佈置台灣獨立省[5]。
Bòdị Taiwăn doklip sèng。

對台灣地位重要性的認識，各種施政佈置了日後建省的基礎。

 註解

(1)開山撫番：滿清統治台灣，自始即禁止唐山移民台灣，又嚴禁漢系族群進入原住民的山地。政府對「番地、番民」放任不管，視之為「化外」，以致發生「番民」濫殺無辜而有「牡丹社事件」震撼國際。沈葆楨奉命來台處理事件的善後(1874~78)，奏請開禁墾耕後山(花蓮、台東)，進行安撫「良番」，懲處「兇番」。

(2)洋式防務：沈葆楨治台另一重要政策是加強配置西式的防務。(A)建造砲台：建造安平海口砲台，構築台南的億載金城(又稱二鯤身砲台)，是第一座配備英國阿姆斯壯大砲的砲台(1876)年完成。

(3)蓋：音〔qai〕，"很"的意思。蓋好，很好。常跟"上"字合用："上蓋"……即"最……"。上蓋勢〔siang qài gǎu〕，最有能力。～無路用：最沒用。

(4)行政劃分：沈葆禎抵台時(1874)，台灣的行政區域劃分為一府(台灣府，府治台南)，四縣：即台灣、鳳山、嘉義(1812年由諸羅改稱)和彰化(1723設)和三廳：即淡水(廳治在新竹，1723年設)、澎湖(1727設)以及葛瑪蘭(宜蘭，1810)。

當時北部開拓發展，且滬尾和雞籠開港後華洋雜處治理不易，又經營後山，現有體制不勝負荷。他乃於1875年奏准於1875年在北部增設一府：即台北府，三縣：淡水廳改新竹縣，葛瑪蘭廳改為宜蘭縣，另設淡水縣。又增設一廳：即雞籠改為基隆。此三縣一廳統轄於台北府，府治在大加蚋堡(今台北火車站一帶)。

另外，在南部，除台灣府(府治台南)外有四縣：

彰化、嘉義、台灣(台南)和鳳山。惟因日軍侵台在恆春，為重視恆春地區，乃自鳳山縣析出恆春縣。再者為「撫番」，設埔里廳和卑南廳分別駐守「撫民同治」。這樣，台灣在1875年沈葆楨改制的行政區劃計有2府、8縣和4個廳。

(5)獨立省：台灣被滿清政府收入版圖後(1683)，長達二百年間，一直隸屬福建省下；只是一個府。1875年開始增設台北府，更增置了一些縣和廳，遲至1885年才從福建省脫離出來成為一個獨立的省級區域。

第 3 首

雞籠[1]變作基隆廳，
Quelàng biⁿ tsòr Qiliong tiāⁿ.

台北設府[2]好名聲，
Taibak siāthù hōr mia siāⁿ.

台南有億載金城[3]，
Tailǎm wụ yēk tsại qimsiǎⁿ.

洋務建設[4]當起行[5]。
Yiuⁿ vu qiànsiat dng kīqiǎⁿ.

雞籠地方改制行政區域，易
名為基隆廳。

台北改制設府治，提高地位
和名聲。

台南建造了億載金城的砲台
要塞。

日本侵台之役後，沈葆楨來
台開始推動洋務事業。

註解

(1)雞籠：台灣北部的原住民平埔族叫Ketagalan族，
日本德川幕府時代日本人用漢字"雞頭籠"表記。
華人將它改為"雞籠"，1875年，又改為"基隆"。
日本領台，音譯為"Keelun"。

(2)台北設府：如前首註釋(4)，1875年，沈葆楨奏准
台灣北部設置一個府，叫台北府，府治在大加蚋(
今台北火車站前)。台北府下轄三縣(淡水、新竹、
宜蘭)和一廳(基隆)。

(3)億載金城：又稱"二鯤身砲台"，是沈葆楨於1874年抵台後，籌建西式大砲台。於1876年完成，大門的橫額寫著"億載金城"，是台南的堡壘。

(4)洋務建設：清廷派沈葆楨來台設防，展開西洋式船堅砲利的自強措施。諸如造砲台，購置軍艦，架設電報線等。其後，丁日昌繼續洋務防台事業。

(5)當起行：音〔dng kīqiǎ^n〕，正在起步前進。當〔dng〕：正當…之時。花當紅〔hūe dng ǎng〕，花正開得最漂亮的時候。

第4首

盤山過嶺[1]開道路，

Buaⁿsuāⁿ quènià kui dǫrlo.

翻山越嶺，開拓通往東西的道路。

通往花東[2]闢前途，

Tong òng Huadōng piāh tsiandǒ.

從西部台灣通往後山，開啓花蓮台東方面的未來發展。

條條[3]山路染苦楚[4]，

Diaudiǎu suaⁿlo liām kōchò.

每一條通往山地的山間道路，都是千辛萬苦開闢出來的。

八通關古道[5]懷古[6]。

Bāt tong quān qōdor huaiqò。

身臨八通關的古道，追懷往昔的事蹟。

 註解

(1)盤山過嶺：爬越山嶺，翻山越嶺。

(2)通往花東：往花東方面通行。花東，指花蓮台東地區。

(3)條條：指每一條道路。

(4)染苦楚：浸染血汗，喻開闢山路，真夠辛苦。

(5)八通關古道：牡丹社事件之後，開山撫番的政策中，開山即是開通到達山地，尤其後山花東地區的道路。當時由軍隊開闢連貫東西的道路有三條：

(A)北路：自蘇澳至奇萊（花蓮）的海岸通道，即今蘇花公路全長205里。(B)南路：由赤山（屏東萬巒）至卑南，長175里。(C)中路：台灣總兵吳光亮領兵開闢，自林圯埔（竹山）至璞石閣（玉里），長265里，是所謂「八通關古道」。

第5首

法國強迫越南順[1]，
Huātqok qiongbek Wuatlăm sun.

法國武力侵攻越南，逼使越南成為法國的殖民地。

半路殺出黑旗軍[2]，
Buàⁿlo sātchut O-qi qūn.

在越南活躍的劉永福，組織的黑旗軍參加抗法戰役。

清法戰爭[3]天地昏
ChengHuat tsiàntsēng tiⁿde hūn.

越南的宗主國清國和法國打仗，打得天昏地暗。

封鎖北台西仔船。
Hongsòr bākTăi se-ā tsŭn。

法軍轉攻福建，殲滅南洋艦隊，並進擊封鎖台灣北部。

註解

(1)強迫越南順：19世紀後半，法國積極侵入越南，1867年在越南西部建立「交趾支那殖民地」。1874年逼越南締約將越南變成它的保護國，跟清國的宗主權之爭而引發清法直接衝突。到了1881年~84年，法軍攻佔河內、順化以及東京，越南完全成為法國的屬地。

(2)黑旗軍："黑"的讀音是〔hek〕，訓用(取字義)時讀〔O〕。惟"O"的台語漢字是"烏"。黑旗

軍，音為〔O-qi qūn〕，是廣東客家人劉永福所組織的軍隊，在越南活躍。1873年大敗法軍於諒山聲名大噪。

(3)清法戰爭：越南(舊名安南)原為清朝屬國，法國侵入越南，締約使越南成為法國保護國。清法兩國為爭奪越南宗主國地位而直接引發戰爭(1884～85)。法軍在福建閩江口殲滅清朝的南洋艦隊。

(4)封鎖北台：1884年8月、法軍大敗清朝的南洋艦隊，移師台灣，先攻佔澎湖，再進據基隆淡水。是年10月，法軍佔領基隆後，進行封鎖台灣的西北海岸至1885年4月初，約半年之久。

(5)西仔船：音〔se-ā tsǔn〕，指西洋人法國的船艦，封鎖台灣的海岸。

第6首

清法戰後情勢變[1]，
ChengHuat tsiàn-au tsengsẹ biạn.

台灣地位大進展[2]，
Taiwăn dẹwi duạ tsìndiàn.

獨立設省[3]離福建，
Doklīp siātsèng li Hōkqiạn.

洋務建設[4]漸普遍。
Yiu^{n}vu qiànsiat tsiạm pōpiǎn。

清法戰爭後，中國東南沿海的情勢起了大變化。

台灣的地位、對中國東南沿海安全的重要性備受重視。

清法戰爭後，台灣很快地被單獨設省脫離福建的管轄。

台灣的洋務運動，繼續沈葆楨的政策推展下來。

註解

(1)情勢變：清法戰爭時，福建的南洋艦隊被法軍攻擊幾乎全滅。法軍不但進攻台灣，佔據澎湖，更封鎖台灣西北兩海岸半年之久，中國東海岸也岌岌可危。戰後，清廷大為重視台灣的地位，積極建置台灣成為一個獨立的省份。

(2)大進展：指台灣由福建屬下的"府"，晉升為"省"。

(3)獨立設省：清法戰爭結束後，台灣的防務愈備受
　　重視。左宗棠主張將福建巡撫改為台灣巡撫，認
　　為台灣有必要單獨設省。1885年10月，西太后接
　　受李鴻章和恭親王的上奏頒旨：將福建巡撫改為
　　「台灣巡撫」，是為台灣設省的開始。惟台灣與
　　福建實際分治則在1887年。
(4)洋務建設：台灣的洋務運動慢了大陸約十五年，
　　於1874年日本軍事侵攻台灣的牡丹社事件後，清
　　廷派沈葆楨來台，積極籌辦西洋式防務以及洋務。
　　其後丁日昌、劉銘傳繼續洋務事業。

【第 14 篇】光緒時代(下)20 年（1875～1895）

第1首

銘傳撫台[1]重洋務[2]，
Veng-tuan vuTăi diọng yiu^{n}vu .

劉銘傳做台灣巡撫後，重視西洋式的軍備和產業的基礎建設。

建省理財布政使[3]，
Qiàn sèng lītsăi bòtsèngsụ .

台灣設省後，設置專司財政的長官布政使。

整軍設防[4]又理番[5]，
Tsēngqūn siāthǒng yụ līhuān.

除了改革軍政練兵設防之外，更推行原住民政策。

政區改制[6]設三府[7]。
Tsèngkū qāitsẹ siāt sa^{n}hù。

行政區域的規劃，為配合設省的格局，全台改制設三個府。

註解

(1)銘傳撫台：銘傳即劉銘傳(1836~1895)，安徽合肥人（與李鴻章同鄉），參與鎮壓太平（天國）軍和捻軍，因功任直隸總督。法軍侵台(1884～1885)時，在淡水、基隆打敗法軍。戰後台灣建省(1885)，被李鴻章推薦為台灣首任巡撫(1885～1891)。

(2)重洋務：劉銘傳在台灣巡撫任內，繼承沈葆楨以

來的洋務政策，而更加積極推行。除了軍事設施以外，着重產業的基礎建設，諸如鋪設新竹基隆間的鐵路、開闢東西橫貫道路，創設海外航線、架設電報線，設郵政、撫墾局，開煤礦、新式製糖以及新式學堂，形塑了台灣近代化的基礎布局。

(3) 布政使：掌理(全)省的財政的最高長官。清法戰爭後，台灣設省，巡撫(省長)劉銘傳認為台灣的財政不宜繼續仰賴福建，乃設置專司台灣的財政的長官(布政使)。

(4) 整軍設防：劉銘傳就任台灣巡撫，提出四大急務為施政目標要辦好：防務、練兵、清賦和理番。其中、軍政方面：(1)加強澎湖的防務，在澎湖設「鎮」任命總兵。(2)基隆、淡水、安平和打狗(高雄)增築砲台。(3)台北設軍械局和火藥局。(4)設營務處，聘德國人包恩士(Baons)練兵。

(5) 理番：台灣的原住民（至日治時代被蔑稱為「番」）對外來統治者與移民時有武裝抗爭，「番亂」不斷發生。牡丹社事件(1874)後，清廷一改二百年來放置台灣成為「化外之地」的政策，派遣沈葆楨來台善後。其施策即著手加強防務和「開山撫番」。劉銘傳繼續這個政策，視番民一體，設理番同治、撫墾局(大溪)，任林維源為幫辦大臣。

惟對於不受撫者則訴諸武力征勦。在物質施捨的「撫番」和武力鎮壓的「勦番」之外，進一步是

「理番」。此即推行「番政」，辦理番童教育，設番學堂，募集各番社酋長、頭目的子弟，施以漢式教育。

(6)政區改制：台灣在設省前夕(1885)的行政區劃分為：2府（台灣府和台北府）8縣3廳，做為一個省實嫌格局不符。調整行政區域亦為設省之一大急務。

1887年開始增設並調整府縣：較著者有(1)在台中增設台灣府。(2)原台灣府（府治即府城在台南）改稱台南府，「台南」乃成為今日台南的專稱，台南縣改稱安平縣。台北府在沈葆楨時(1875)設置，所轄淡水廳改制為新竹縣，噶瑪蘭廳改制為宜蘭縣，另設淡水縣，增設1廳（雞籠改稱基隆）。

(7)設三府：清朝將台灣收入版圖當時(1683)，台灣僅有一個府（叫「台灣府」：府治台南隸屬福建省），三縣（諸羅〔嘉義〕、台灣〔台中〕和鳳山）。建省後設3個府、11縣、4廳、1個直隸州（台東）。這次改制的行政區劃後來為日治和國民黨所延續。

(A) 台北府：府治台北轄淡水、新竹、宜蘭3縣和基隆、南雅(大嵙崁即大溪)2廳。

(B) 台灣府：府治台中，轄台灣縣(台中)、彰化、雲林、苗栗4縣和埔里廳。

(C) 台南府：府治台南，轄安平、鳳山、恆春和嘉義4縣和澎湖廳。

(D) 台東直隸州：建置於1889年，州廳寄設在卑南。

第2首

改革賦稅[1]裕省庫[2]，
Qàiqiek hūsuę rų sēngkọ .

減四留六[3]惠租戶[4]，
Qiām sụ liu liok hụi tsoho.

清丈土地[5]辦保甲[6]，
Chengdiong todę bạn bōrqah，

九緞抗官[7]亂法度[8]。
Qiūduan kòngquāⁿ luạn huātdo。

改革田賦稅制，增加稅收充
實省的財源。

"減四留六"的田賦稅制，
其實還是對租戶地主片面有
利，坐享其成。

為了推行測量土地區分等則，
辦理登記而先設立保甲制度。

清丈土地時，施九緞不滿彰
化知縣李嘉裳貪瀆，而奮起
抗爭。

註解

(1)改革賦稅：田賦租稅是農業社會時代，政府主要
的收入財源。劉銘傳既然認識台灣獨立設省必須
財政獨立，因而新政的首要課題為進行改革田賦，
實施"減四留六"等稅制。

(2)裕省庫：改革賦稅制度，增加財源收入、充實省
庫以便於進行各種新政洋務建設所需。

119

(3) 減四留六：劉銘傳和頭號大租戶(墾首)林維源妥協改革田賦租稅；土地收成的1成(大租)分為10份，將6份給墾首(大租戶)，留4份給小租戶(墾戶)。向政府繳納田賦之用，這叫做「減四留六」。

(4) 惠租戶：田賦的減四留六制度，使得大租戶成為有地租收入而免納田賦的「虛位地主」的特權階級。而小租戶成為實質的地主，將土地租給佃農耕種，向佃農徵收大租(收成的1成)和小租(收成的4~5成)，而負責納賦稅，卻仍是坐享其成的階級。佃農變成繳大租和小租的雙重負擔的"一隻牛被剝雙領皮"。

(5) 清丈土地：測(丈)土地面積、調查其優劣區分等則，做為課徵賦稅的依據。
長久以來土地的墾拓結果，頗多未向政府登錄以致賦稅減收，強者有田無賦，弱者有賦無田。劉銘傳設「清賦總局」推動土地丈量2年完成。結果多出了400多萬畝，賦稅增收49萬兩(原本徵收18萬兩)。

(6) 辦保甲：在清丈土地之前，先用2個月的時間編查保甲戶口，做為就戶問糧的基礎。

保甲制度有如鄰里的編制：10戶(家)1牌：10牌1甲，10甲1保，各設牌頭、甲長、保正。此制亦為協助治安。日治(1898)後擴大功能成為警察的輔助制度，並強化刑罰連坐。

(7)九緞抗官：在清丈土地時，彰化知縣李嘉棠貪瀆，又壞了清丈工作以致引起民變。

彰化二林浸水庄人施九緞，率領數千民眾抗爭包圍縣城，駐紮八卦山，後為林朝棟所鎮壓。

(8)亂法度：彰化縣知縣李嘉棠不懂清丈之法，又任用非專業擔任清丈工作，還對農民勒索財物，才致引爆施九緞打出「官激民變」的旗號抗爭。

第3首

台灣自強創洋務[(1)]，
Taiwǎn tsu̧qiǒng chòng yiuⁿvu .

鐵路[(2)]航線[(3)]促運輸，
Tĩhlo hangsua̧ⁿ chiōk wu̧nsū .

郵政[(4)]電報[(5)]通消息，
Yiuchȩng dianbo̧r tong siausit .

樟腦茶煤[(6)]產業富。
Tsiuⁿlòr demuě sāngiāp bu̧。

台灣獨立建省謀求自立圖強
，就要興辦洋務。

建設鐵路，開闢航運路線促
進交通運輸。

興辦郵政，架設電報線，促
進交通資訊。

經營樟腦茶葉，開發煤礦，
使財政富裕。

註解

(1) 自強創洋務：台灣於清法戰爭後隨即獨立建省
(1885)。首任巡撫劉銘傳在任六年多(1886～1891)
專力投入興辦洋務，推行自強運動。
其實，台灣的洋務運動早在牡丹社事件後(1874)，
沈葆楨、丁日昌、岑毓英、劉璈等人已經相繼興
辦，籌防台灣，頗有一番基礎。

(2) 鐵路：劉銘傳建設台灣第一條鐵路於1886年7月
開始，從台北大稻埕至基隆約32公里，於1891年
11月竣工。

另外於1888年起工興築自大稻埕至新竹67公里，於1893年11月完成。這兩段鐵路共約100公里。

(3)航線：台灣是一個島嶼，有河港也有海港。對外貿易是海島經濟的主要命脈。在鐵路開通前，島內南北運輸靠河港，有淡水、鹿港、安平、打狗(高雄)。

1860年清廷與英法簽訂北京條約後，淡水和安平各為「正港」，雞籠(基隆)與打狗各為「副港」，展開對外貿易。當時對外航運主要有安平至澎湖和淡水至福州。

(4)郵政：郵務是資訊消息流通的主要手段。台灣的新式郵政始於1888年，劉銘傳在台北設郵政總局，並在各地設郵站。郵件的傳遞工作由綠營的汛塘兵擔任。

(5)電報：電報是現代化資訊交通的主要工具。台灣的電報線創設於福建巡撫丁日昌時(1877)年，架設台南至安平和台南至(打狗)旗後。劉銘傳時則架設海陸電報線：海線有兩條，即安平至澎湖和滬尾(淡水)至福州。陸線2條：台北至滬尾和基隆至台南。

(6)樟腦與茶煤：台灣設省以後財政的充實成為首要的課題，而產業的振興必然是至上命題。

(A)樟腦是台灣的特產，中北部山地盛產樟樹，製成樟腦。而樟腦可加工製成賽璐珞(Celluloid)。劉銘傳時設官腦總局，大力振興樟腦產業(1888)，景氣飛騰，牟利巨大。

(B)茶是清末台灣重要出口的特產，在建省前即已盛產。台北大稻埕的洋行頗多經營茶出口貿易致富者(例如李春生)。建省後才開始徵收茶稅(1891)。

(C)煤是船運、火車必須的燃料。基隆煤礦的發現開採在建省前早被引起重視，特別是美英兩國。劉銘傳撫台時設煤油局(苗栗)和煤務局，因擅自決定由外商承辦而被清廷革職。

接掌撫台 [1]邵友濂[2]，　　　　邵友濂接任台灣第二任巡撫。
Tsiāptsiàng vūTǎi Siau yū-liǎm.

財政拮据[3]新政歛[4]，　　　　由於財政窮乏，許多新政、
Tsaitsęng qiatqụ sin tsęng liàm.　　洋務被迫停止辦理。

省會台北[5]修通志[6]，　　　　省會原預定在中部，卻移到
Sēnghui Taibak siu tongtsị.　　　台北，而投入編纂台灣通志。

重北輕南[7]定方針。　　　　　劉銘傳鬥倒南部重鎮的劉璈
Dịọng bak kinlǎm dẹng hongtsiām。　後，決定了重北輕南的方針。

註解

(1)接掌撫台：繼任做台灣巡撫。接掌：即接任、接
　　管，亦就是繼任主宰某職務。撫台：巡撫的尊稱，
　　意為巡撫大人。

(2)邵友濂：清末浙江餘姚人，外交官(出使俄國)。
　　清法戰爭時(1884～85)，後勤支援防衛台灣。
　　台灣建省後於1887年為首任台灣布政使，掌管財
　　政、兵餉、土地田畝等。布政使又稱「藩台」。
　　邵友濂繼劉銘傳之後為第二任巡撫(1891～94)。

因財政困難停辦許多新政（西學堂、新竹以南鐵路），惟推行纂修台灣通志等史書，對台灣文化貢獻至大。

(3)拮据：音qiatqų，缺少錢。財政拮据，即財政窮乏沒有錢。

(4)新政斂：斂，音liàm，節制、收縮。新政指劉銘傳所倡辦的洋務，因沒錢而停辦。

(5)省會台北：台灣建省後，劉銘傳擇定彰化的橋孜圖為省城之地。雖然它地處南北適中，惟山多瘴癘重，而台中港道淤淺，夏秋南北溪汛阻隔，居民聚落不繁。邵友濂主政時，台北的政府機構林立，鐵路交通，自來水，電燈已具規模。

(6)修通志：邵友濂對台灣文化有極大的貢獻，就是設通志局，纂修《台灣通志》，另外並有《澎湖廳志》，以及鳳山、雲林、新竹三縣和台東州的《採訪冊》，載述台灣設省前後的重要紀錄，遺惠後世，為劉銘傳等主持新政者所不如。

(7)重北輕南：牡丹社事件(1874)後，劉璈隨沈葆楨來台處理善後。清法戰爭時劉璈防守台灣南部，清廷卻派劉銘傳來台灣主守台灣北部。劉銘傳要求劉璈撥50萬兩被拒，兩劉對立。劉璈被劉銘傳

彈劾貪污被革職流刑黑龍江。

由於兩劉對立，在台灣一南一北，結果劉銘傳「鬥」贏。清法戰爭後劉銘傳任台灣建省後首任巡撫坐鎮台北城。新政多限於北部，鐵路、西式教育、工商實業全都偏重北部，尤其台北。結果造成台政重北輕南，以至於今日這個政策沒變。

第 5 首

景崧[1]招撫劉永福[2]，
Qēng-Siong tsiauvù Lauyēng-hok.

唐景崧在越南參預對法國的
戰爭，招撫劉永福服仕清廷。

清廷棄台[3]上惡毒，
Chengděng kìTăi siọng ōkdok.

清國跟日本打仗，戰後狠心
地將台灣和澎湖割給日本。

巡撫總統[4]北面哭[5]．
Sun vū-tsōngtòng bākvin kạu .

唐景崧既被擁立為台灣民主
國的總統，卻又不忍背棄清
廷，流連巡撫之職而成為「
巡撫總統」。

兒戲扮演民主國[6]。
Rihị bạnyàn vintsuqok.

唐景崧、丘逢甲以及劉永福
等人成立台灣民主國抗日，
卻雷聲大雨點小如同兒戲。

註解

(1)景崧：即唐景崧，廣西人，在兩廣總督張之洞屬
　 下任事，到越南參與對法國戰爭，招撫劉永福。
　 清法戰爭後出任台灣道、布政使並升任台灣巡撫
　 (1894)。日清(甲午)戰爭(1894～95)後清國戰敗割
　 讓台灣予日本，被台灣臣民逼迫成立台灣民主國

抗日有頭無尾。1895年5月25日成立台灣民主國，唐景崧任總統，十天後的6月4日深夜搭德國船潛逃廈門。

(2)劉永福：廣東客家人，早年參加太平軍被追擊逃至越南。後來組織「黑旗軍」，曾在諒山大敗法軍。清法戰爭後接受清廷招撫，就任南澳總兵。清日戰爭時駐守台灣(高雄旗後)，唐景崧逃離台灣後，移駐台南抗日，也是有頭無尾。1895年10月，日軍逼近台南，他未戰就在日軍無血進入府城之前，也逃回中國大陸去了。

(3)清廷棄台：清國和日本為了在朝鮮的權益問題發生戰爭(1894～95，甲午戰爭)。結果清國在陸上和海上均戰敗而跟日本國在下關簽訂和約(馬關條約)，規定將台灣澎湖永遠割讓給日本。

(4)巡撫－總統：台灣被割讓給日本後，台灣臣民無法接受而成立「台灣民主國」共同抗日。時台灣巡撫(最高首長)唐景崧被擁戴為總統。然而他卻不思背棄清廷，寧願做清廷屬下有名無實的總統，乃被戲稱為「巡撫總統」(Governor-President)。

(5)北面哭：唐景崧接受做台灣民主國的總統完全是被台灣臣民逼上「梁山」的。為了表示他做總統

是情不甘意不願的痛苦，在就職大典時竟北面向清廷(北京)「放聲大哭」！

(6)扮演民主國：日清戰爭後，台灣人民不願被日本統治，奮起成立台灣民主國以為自衛，爭取國際同情與支持。然而，領導者如唐景崧總統沒幾天就逃跑，各高官也都逃散。副總統丘逢甲(苗栗銅鑼人)兼任民兵統領(司令官)，慷慨激昂呼號要誓死抗日，卻在日軍進入台北前就在台中挾帶練兵用的十萬兩銀逃往廣東做寓公，卻還在吟詩說：「宰相有權能割地，孤臣無力可回天」。二次大戰後，國民黨政府把他捧為「民族英雄」，還設立紀念邱某的「逢甲大學」，實在了然。

其他如劉永福等人也是日軍來時「隨人顧生命」，所謂民主國不過一場兒戲！

第6首

甲午之戰[1]為朝鮮，
Qāhgoⁿ tsi tsiạn wị Diausiàn .

馬關條約[2]天地變，
Māquān tẹyok tiⁿde biạn .

日本南侵[3]惹禍端，
Ritbùn lamchīm riā họrduān .

興風作浪[4]墜深淵[5]。
Henghōng tsōklòng dụi chimyān。

清國跟日本為了在朝鮮的權
益發生了戰爭。

戰爭結束後，兩國締訂馬關
條約，使天下局勢激變。

日本割取台灣後，逐步南侵
，引發重大的戰爭災難。

日清戰爭後，日本不斷對外
擴張勢力，終於陷入戰爭的
深淵。

註解

(1)甲午之戰：西元1894年，歲次甲午(年)，清國和
日本為了朝鮮的東學黨之亂，雙方出兵朝鮮引發
了戰爭。是年八月雙方宣戰，九月清軍在平壤和
黃海均為日軍所敗。日軍甚至進入遼東、大連旅
順。翌年初，黃海之戰，清軍北洋艦隊全軍覆沒。
三月，更進軍澎湖，四月，日清議和締約割讓台
澎予日本。

(2)馬關締約：日清戰爭清國節節敗退，清廷驚慌急
於求和，由美國仲介進行和平談判。西元1895年

3月，清廷派李鴻章率團到日本的本州南端下關，4月17日在春帆樓跟日本簽訂和約。

和約重要條項有：(1)承認朝鮮為獨立國，(2)清國割讓台灣、澎湖諸島予日本(割讓遼東半島部份，因俄德法三國干涉而作罷)，(3)清國賠款2億兩給日本。

(3)南侵：日本明治維新(1868)以後，勵行富國強兵政策，開始向外擴張勢力。先是有北進(朝鮮、滿洲)的企圖受挫，乃轉移目標南進。大久保利通接受樺山資紀(首任台灣總督)的建議出面干涉台灣牡丹社番殺害琉球人事件(1874)，是為日本南進的第一步。20年後的甲午之戰，馬關條約割取台灣，成為日本後來侵略南太平洋的跳板。

(4)興風作浪：比喻挑起騷動，進行破壞活動。此處指日本割取台灣成為帝國第一個殖民地以後，不斷向外挑起事端，侵略朝鮮(1910年合併朝鮮為殖民地)、滿洲，以至發動太平洋戰爭。

(5)墜深淵：日本與清國戰爭割取台灣後，不斷地發動戰爭；日俄戰爭(1904～05)後合併朝鮮(1910)，參加第一次大戰(1914～18)佔領青島，侵佔滿洲(1931)、華北發動日中戰爭(1937)，以至於偷襲珍珠港(1941)，引發太平洋戰爭。最後，在美國原子炸彈摧殘之下慘敗幾乎亡國(1945)。

【第15篇】明治治台（上）16年（1895～1911）

第1首

日本起山[1]三貂灣[2]，
Ritbùn kī suaⁿ Samdiauwān.

日本軍隊為了佔領台灣，在台灣東北角三貂灣登陸。

橫濱丸[3]內割台灣[4]，
Huaiⁿbīnwǎn lai quāh Taiwǎn.

清國派來的李經方不敢上岸，在橫濱丸船內辦理移交台灣的手續。

台北暴亂廣東兵[5]，
Taibak bokluan Qīngdang bēng.

台北市內，政府首長逃亡，雇傭的廣東兵大事搶劫暴動。

樺山始政[6]台民反[7]。
Huasān sītsẹng Taivǐn huàn。

橫山資紀總督無血入城台北開始統治，卻引起台灣人的抗爭。

註解

(1)起山：從海上登陸到陸地。日本軍隊於1895年5月29日在台灣北部基隆、澳底三貂灣登陸。
(2)三貂灣：台灣東北角的鼻頭角(金瓜石東邊)，往南到台灣最東點的三貂角之間的弧形海灣，中心點為澳底(Òrdè)，包括福隆海水浴場。
(3)橫濱丸：日本的首任台灣總督橫山資紀(Kabayama

Suge-nori)於1895年5月下旬，依馬關條約前來台灣接受「交割」領台所搭乘的船名。

(4)割台灣：依據馬關條約(第3條)規定，日清兩國政府在條約批准兩個月內應在台灣辦理(移交)手續。日方樺山總督於5月下旬到達台灣基隆海上，清廷派李鴻章養子李經方來台。惟李怕上岸會被台灣人殺害，6月2日乃與樺山在橫濱丸上辦理交割台灣的手續。同天晚上12點半，李即搭船(掛德國旗)回國。

(5)廣東兵：1894年8月、日清戰爭爆發，10月唐景崧接任台灣巡撫，募集廣東兵(傭兵)備戰。惟翌年5月，日軍登陸基隆，唐景崧「敵前逃亡」回國。台北的廣東兵大多是流氓盜賊，因為老闆跑了領不到薪水，在台北城內搶掠燒殺強暴婦女，在抗日戰爭中「成事不足，敗事有餘」。

(6)樺山始政：唐景崧和丘逢甲等人落跑後，台灣民主國瓦解。廣東的傭兵在台北暴行擾亂。台北商人邀請在基隆的日軍無血入城維持治安。台灣總督樺山資紀於6月17日在今中山堂舉行「始政典禮」，是為日本殖民統治台灣開始的日子。

(7)台民反：樺山在台北開辦總督府後，到劉永福敵前逃亡的10月19日約四個月間，台灣民主國瓦解，政府的高官首長大部分逃回大陸。惟非官軍的民間義勇軍，連婦女也持武器參加游擊戰反抗日軍。他們「如飛蛾撲火」的英勇壯烈戰鬥，犧牲慘重。

第2首

新竹民軍⁽¹⁾游擊戰，
Sindek vinqūn yuqek tsiạn.

集結在新竹苗栗地方的台灣民軍義勇，對日軍進行游擊式抗戰。

近衛師團⁽²⁾難進展⁽³⁾，
Qinwe sutuǎn lan tsìndiàn.

近衛師團的軍隊遭遇了台灣義勇民軍壯烈的抵抗，南進作戰不易進展。

鬼哭神吼⁽⁴⁾八卦山⁽⁵⁾，
Qùi kạu sǐn hàu Bātqùasān.

台灣的抗日民軍、在彰化八卦山與日軍對戰激烈死傷慘重，令鬼神哭吼起來。

義勇壯烈血肉濺。
Gịyòng tsòngliāt huēhvah tsiạn。

抗日的民軍義勇在作戰中，犧牲壯絕，血肉橫飛。

註解

(1)新竹民軍：日本總督在台北開始統治台灣，一方
　　面，日軍展開向新竹方面推動南進作戰。民間的
　　義勇集結在新竹，由吳湯興(苗栗銅鑼人，丘逢甲
　　的部將)統領繼續抗日。同時，姜紹祖(北埔)和胡
　　嘉猷(平鎮)亦分別在台北和新竹之間展開抗日游
　　擊戰。
(2)近衛師團：日本的近衛師，被派來攻佔台灣的主
　　力軍。他們從澳底(貢寮)登陸後，繼續向南部推

進鎮壓抗日的台灣民軍義勇。

其師長北白川宮能久親王在作戰中受傷病死。攻台的日軍尚有乃木希典的第二師，以及貞愛親王的第四旅，另外有海軍艦隊。

(3)難進展：侵台的主力部隊近衛師，由台北南進作戰過程中，在中壢、新竹、苗栗等地遭遇台灣民軍義勇的游擊戰激烈的抵抗，陷入苦戰。近衛師的南進戰況進展艱難。

(4)鬼哭神吼：8月中旬，抗日軍失去苗栗後陸續潰敗到台中。日軍在雨季中疫病蔓延寸步艱難。在8月下旬，兵分兩路，一路輕取台中，另一路在彰化和八卦山遭遇民軍最激烈的抵抗。八卦山的守軍四千名，8月28日雙方激戰結果，民軍慘敗，將領吳湯興、姜紹祖等均陣亡，戰死兵員近千名。台灣(台中)知府黎景嵩、彰化知縣羅樹勳、雲林知縣羅汝澤等均逃往大陸。戰況慘烈令鬼哭泣而神也嚎叫。

(5)八卦山：在彰化市的東側，山頂約一百公尺高，舊名瞭望山，後改稱定軍山。1895年8月28日，日台兩軍在此激戰，日軍全勝，擄獲(民軍的)大砲40門，小鎗1200挺，砲彈2千發，小鎗子彈20萬顆，可見這次戰役規模之大，戰況之慘烈。

第 3 首

南台決戰⁽¹⁾在嘉義，
LamTǎi Kuātsiạn tsại Qagi.

日軍和抗日的民軍義勇兵、在嘉義進行南台灣的大決戰。

清軍畏首猶遲疑⁽²⁾，
Chengqūn wìsiù yāudigǐ.

清國的官軍毫無戰鬥意志，劉永福本身的軍隊從未跟日軍作戰。

日軍三路⁽³⁾逼南都⁽⁴⁾，
Ritqūn saⁿlo bēk lamdō.

攻台灣的日軍兵分三路聚向台南挺進。

永福逃亡⁽⁵⁾獻城池⁽⁶⁾。
Yēnghok dorvǒng hiàn siaⁿdǐ。

在日軍逼近台南的十幾天前，劉永福先是求和，繼則放棄台南逃往廈門。

 註解

(1)南台決戰：日本自澳底登陸後，在瑞芳遭遇抵抗，不久無血進入台北城。其後南進作戰，在新竹、苗栗有較大的戰役，台中沒大的抗戰。中部壯絕戰鬥在彰化城和八卦山。日軍最後的大目標是攻取台南，必須先克服嘉義。彰化之役後，九月間，日軍休養一個月，於10月5日向嘉義挺進，四日後在嘉義展開攻防戰。日軍攻克嘉義，民軍首領徐驤陣亡。後來台南一如台北無血棄守，所

以日台雙方在南部的決戰在嘉義。

(2)畏首猶遲疑：畏懼不敢向前進展，指清國在台南的正規軍(約2萬人)，在劉永福統領之下不敢面對日軍作戰。台北失守後，台南成為台灣民主國抗日的大本營，其兵力以黑旗軍四千名為基礎包括義勇總共有3萬名。十月初、日軍向雲林嘉義進攻時，民軍曾有要求劉永福「親征」，他卻按兵不動。他的部隊配置在曾文溪以南，遇敵時卻不能戰，祇會逃。

(3)日軍三路：日軍進攻台南分成三路；主力部隊近衛師由台北、新竹、苗栗、彰化、嘉義一路南進。第二路由乃木希典統率的第二師，從澎湖向枋寮登陸後北上打狗，直指台南。第三路由貞愛親王率領的混合第四旅從基隆海路南下，在布袋港登陸後指向台南。同時，駐澎湖的的常備艦隊由有地品之允中將統率，隨時挺進台南。

(4)逼南都：南都指台南。在台北淪陷後，劉永福駐守台南成為台灣民主國抗日的大本營。1895年10月初，日軍進攻嘉義，同時兵分三路聯合圍攻台南，沒想到台南也是不血棄守。

(5)永福逃亡：劉永福在台南「經營」台灣民主國，招兵買馬擁有官軍和民兵3萬名，都是未敢與日軍作過一戰。1895年10月9日嘉義失守，接著另

外兩路日軍分別從布袋和枋寮登陸。然而嘉義激戰的前一天(10月8日)，劉永福即致函委託英國領事館分別向樺山總督和有地(艦隊)司令求和未被接受。四日後(10月12日)再致函北白川宮能久親王求和。翌(13)日，劉只發函向三路日軍的總司令高島鞆之助(副總督)求和又被拒絕。19日，劉永福化妝從安平搭英船逃往廈門，這又是敵前逃亡的主帥。

(6)獻城池：劉永福敵前逃亡的翌日(10月20日)，台南城內的清(官)軍開始暴亂搶掠。城內的紳商協議委請長老教會巴克萊(T.Barklay)牧師去「邀請」日軍進城鎮定騷亂。是(20)日夜間九點，巴克萊等近20人前往第2師拜會乃木師長。翌(21)日上午，日軍無抵抗進入台南城。同時，日軍陸戰隊在安平登陸，五千名守(清)軍不戰而降，至是台灣民主國完全覆亡。

第4首

武力領台⁽¹⁾殖民地，
Vūlēk niā Tǎi sịtvinde.

日本接收台灣完全使用軍隊作戰，建立殖民地統治的權威。

日本總督土皇帝⁽²⁾，
Ritbùn tsōngdok tō hongdẹ.

台灣的日本總督擁有生殺大權，簡直就像個土皇帝。

台民抗日玉碎戰⁽³⁾，
Taivǐn kòngRīt giokchùi tsiạn.

台灣的民軍義勇抗日如飛蛾撲火，是玉碎的戰鬥。

鐵血統治⁽⁴⁾怨恨濟⁽⁵⁾。
Tihhueh tōngdi wànhin tse.

台灣總督殖民統治台灣，實施高壓的鐵與血的政策，造成台灣人無盡的怨恨。

 註解

(1)武力領台：1894年，日清(甲午)戰爭，清國戰敗簽訂和約(1895馬關條約)將台灣、澎湖割讓日本。然而，台灣人不服而誓死抵抗。日本無法「和平」佔領，只得用武力，派出重兵；陸軍2個半師約5萬人，軍屬和軍伕26,000人(佔當時陸軍兵力的1/3以上)，動用大半的艦隊來台灣。日本的領台完全訴諸武力一途。

(2)總督土皇帝：台灣成為日本帝國的殖民地後，統

治台灣的最高權力者是總督。日本帝國的首相任命並直接指揮台灣的總督，初期的總督必須是中將以上軍階的武官，亦即總督兼軍司令統轄台灣的民政和軍政。緊急事態發生時，總督有「先斬後奏」的絕大權力，無異是做台灣的(土)皇帝。

(3)玉碎戰：日本接收台灣等於武力征戰。日本帝國壓倒性的軍事優勢，兵員多、武器精良。台灣的民間義勇大多是"烏合之眾"，卻視死如歸，如飛蛾撲火。抗日的決心與行動不因台南淪陷而終止。事實上，台灣到處都是戰場，抗日戰爭一直持續到1902年，長達七年之久。

台灣人戰死14，000，受傷者不詳。日軍戰死278人(病死4.642人)，亦即為了殺死1名日本兵，台灣人必須「賠死」50人，對台灣人來說真是慘絕的「玉碎戰」。

(4)鐵血統治：日本統治台灣是從鎮壓台灣人的武力抵抗開始的。初期的7名總督都是軍人，武官總督時代(1895~1919) 約24年。總督對於武力抗日的台灣民眾無差別地用軍隊鎮壓，實施軍政又頒布「台灣住民刑罰令」。憲兵和警察成為維持治安的不二工具。

(5)怨恨濟：濟，即多的意思。怨恨濟，意為怨尤多，而懷恨加深。

第5首

台地變成日版圖[1]，
Taide biànsěng Rit bàndǒ.

馬關條約簽訂後，台灣已經變成日本的領土。

台民國籍可自謀[2]，
Taivǐn qōktsēk kōr tsụvǒ.

根據馬關條約，台灣人可以在兩年內選擇國籍。

海峽航路公共化[3]，
Hāiqiap hanglo qong qiọng huạ.

台灣海峽的航路，清國和日本均同意國際自由化。

南疆界定[4]北糊塗[5]。
Lamqiōng qàideng bak hodǒ。

台灣南方跟西班牙的菲律賓疆界有劃定，北方跟沖繩列島之間則沒有劃定。

註解

(1)日版圖：根據日清馬關(下關)條約，清國將台灣和澎湖割讓給日本。日本得將台灣佔領統治變成日本帝國的領土。

(2)自謀：自己的意志去決定。依「馬關條約」第5條規定(日本提案)，台灣人自條約批准換約之日(1895年5月8日)起2年內，得自由選擇國籍；即在1897年5月8日以前未遷出台灣者視同接受做日本國民。結果280萬人中僅約5千人左右(0.16%)遷離台灣(大多回中國大陸)。

(3)航路公共化：指台灣海峽的航運自由化，海峽非
　　清國內海，亦非日本帝國的領海，是屬於公海域。
　　按馬關條約在4月簽後，俄德法出面干涉，於5月
　　向日本勸告「台灣海峽航行的完全自由」。日本
　　於7月宣布同意將台灣海峽作為各國公共的航路，
　　非屬日本專有或管轄。
(4)南疆界定：清國領台時代，別說台灣後山(東部)
　　成化外之地，台灣澎湖79個島嶼的疆域不明。
　　1895年，殖民統治菲律賓的西班牙因恐日本南侵，
　　乃於8月7日與日本確定台灣與菲律賓的境界。日
　　西兩國以巴士海峽中央線為界；西與北屬日本，
　　東與南屬西班牙。據此，蘭嶼(紅頭嶼)正式明記
　　為台灣附屬島嶼。境界線在北緯25度25分的地方。
(5)北糊塗：台灣和北方的沖繩列島，因為同屬日本
　　帝國的領土，彼此的疆界未被劃分，以致沖繩列
　　島南端的釣魚台等小島，在行政區域上被劃入台
　　灣的東北宜蘭廳，造成釣魚台被誤解屬台灣（宜
　　蘭）的「根源」。

第6首

樺山資紀[(1)]顧相刣[(2)]，
Huasān tsuqì qò sior tăi.

姓桂總督[(3)]毋治台[(4)]，
Sèⁿ Quì tsōngdok m̄ di Tăi.

乃木希典[(5)]四角面[(6)]，
Nāi-vōk hidiàn sìqāk vin.

兒玉[(7)]後藤[(8)]鬥搭來。
Rigiōk Aǔdǐn dàudah lăi。

首任總督樺山資紀接收台灣，遭遇台灣人激烈的抵抗，一直忙於作戰。

第二任總督桂太郎無心統治台灣，祇顧在中央鑽營權力。

第三任總督乃木希典為人剛正不阿，深惡賄賂文化。

兒玉總督與後藤新平互相搭檔，長期統治台灣上軌道而近代化。

註解

(1)樺山資紀：首任台灣總督樺山資紀(Kabayama
　　Sukenori)，日本鹿兒島人。牡丹社事件發生，日
　　本「征台」之役(1874)出自他的建議，他並參加
　　作戰。20年後被任命為台灣總督，卻無法坐下來
　　統治，而派大軍鎮壓台灣人的武力抵抗。
　　在任13個月，大部分耗於作戰，也確立司法制度、
　　警察統治，設立醫院、國語學校。

(2)顧相刣：日本軍事佔領台灣，遭遇台灣民軍的壯烈抵抗。領台初期一直在作戰。

(3)姓桂總督：指第2任總督桂太郎(Katsura Taro)，任期只有4個月(1896年6/2~10/14)，大多奔走於中央政界爭權位，實際在台「辦公」只有十日。後來果然做了(3次)首相。

(4)毋治台：意為不願意統治台灣，謂桂太郎無興趣做台灣總督，一心一意在中央政界爭權位。

(5)乃木希典(Nogi Maresuke)：日本長州藩(山口縣)出身。1895年以第二師長率軍攻台，在枋寮登陸後北進打狗，佔領(無血)台南城。

1896年10月任台灣總督約1年4個月。為維持治安實施「三段警備制」，公佈「匪徒刑法令」，肅清日本官吏的貪腐。頒布紳章規定，籠絡台灣士紳。台灣最高的山(玉山)，就是由乃木命名為「新高山」。

(6)四角面：喻直言直行的人。這裡指乃木希典是個四角面的軍人。他對貪污深惡痛絕，但是台灣受清國貪污文化的浸染，視賄賂文化為榮譽事；送禮不僅不怕人知道，反而是一種炫燿。收賄者顯示有如何的「權威」，送賄者炫燿自己跟大官的交情。

乃木總督深惡「送禮」文化,嚴懲前朝的兩位民政長官(總督的副手)水野遵和曾根靜夫。

(7)兒玉:即第四任總督(1898年2月~1906年4月)兒玉源太郎(Kodama Gentaro),是一位天才將軍。他雖然做8年多的總督,但大半時間在中央任職閣僚。惟閣僚地位高於總督,故實際上他做總督反而是「兼任」的性質。

既然,兒玉乃將總督府政務委任民政長官後藤新平,自己則致力於中央的軍務,尤其是日俄戰爭。

(8)後藤:指後藤新平(Goto Shinpei;1857~1929),日本東北岩手縣人。他是一位標準的醫生從政的成功者。

後藤受兒玉的知遇與信任,在民政長官長期任內等於代理總督,發揮他的醫學政治才能,對統治台灣提出生物學的殖民地經營,以比目魚的原理,推行漸進同化政策,促成台灣的近代化與日本化。後藤的治台政績不論經濟、產業、教育、衛生、文化不勝枚舉。

(9)鬥搭來:鬥搭(dàudah)即搭檔,既「鬥陣」(dàudin)而更密切配合互相協作。鬥搭來,指兒玉源太郎知遇善任後藤新平(民政長官),兩人搭檔治理台灣。

【第16篇】明治治台（下）16年（1895～1911）

第1首

烽火連天[(1)]遍地煙，
Honghuè liantēn piànde yēn.

北宜抗倭[(2)]急爭先，
BākGǐ kòng Ō qīp tseng sēn.

芝山六士[(3)]孤魂怨，
Tsisān liok su qohǔn wạn.

英烈護台[(4)]難回天。
Ycngliāt hoTǎi lan huetēn。

戰爭不斷地發生，到處都成了戰場。

台北宜蘭一帶，台灣的民軍義勇爭相抗日。

芝山岩國語學堂，有六個日本人教職員被殺，徒怨恨。

義勇兵守護台灣壯烈犧牲，也未能挽救被統治的命運。

註解

(1)烽火連天：烽火，指烽火台白天放煙，夜晚燃火
示警，告知敵兵來侵，譬喻戰爭連連不停。

(2)北宜抗倭：1895年尾至翌年2月尾，台北和宜蘭
的抗日民軍一齊蜂起襲擊日軍。三貂堡的林李成
促成抗日軍聯合陣線圍攻台北城。陳秋菊攻深坑、
宜蘭。許紹文攻金包里，簡大獅攻淡水，胡嘉

獻包圍台北。三峽的蘇力，松山的詹振參加圍攻台北城。日本大本營派遣混合第七旅團協同第二師救援，台北的抗日軍最後被鎮壓。

(3)芝山六士：1896年元旦，在台北芝山岩的開漳聖王廟的日本國語學堂遭受抗日軍的襲擊。學堂的教職員楫取道明等六人被殺，是為「芝山岩事件」。

(4)英烈護台：指台灣民主國敗亡後，1895年尾至1902年的七年間，台灣人義勇軍武裝抗日戰爭犧牲的英雄烈士。

(5)難回天：回天乏術，謂天數無法改變。台灣義勇的抗日節節敗退，沒能挽救局勢，免於被日人宰制的命運。

第2首

鐵國山頂[(1)]風雲起[(2)]，
Tīhqōk suāⁿdèng honghǔn kì.

中部的抗日大軍集結在雲林集集的鐵國山，戰雲密佈。

征倭鎮台[(3)]布大義，
Tseng Ō dìn Tǎi bò ḍaigi.

鐵國山抗日大本營的首領柯鐵，頒抗日檄文宣明大義。

天運[(4)]大靖[(5)]昭天下，
Tenwun ḍaitseng tsiau tenha.

抗日軍的鐵國山勢力定年號天運，而嘉義方面另定年號大靖，分別昭告天下抗日。

高屏好漢[(6)]有怨氣。
QorBǐn hōrhạn wụ wànkị。

高屏方面抗日義勇林小貓、林天福等人死得冤枉。

 註解

(1) 鐵國山頂：雲林的集集東方的大平頂，山上的形勢險要。1895年，抗日軍賴來等人退聚此地。1896年6月，抗日軍下山襲擊斗六日人商店，翌日被駐軍擊退。大平頂乃聚集千餘人，改稱為「鐵國山」，向全島發出抗日的檄文。

(2) 風雲起：抗日軍襲擊斗六事件，引發日本駐軍報復性的雲林大屠殺。因而促成鐵國山抗日勢力的

壯大，進擊攻佔斗六、竹山、集集等各地，並包圍南投(7月)。永靖、員林亦落入抗日軍手中，台中亦遭受襲擊，中部為之震撼。

(3)征倭鎮台：1896年7月中旬，日軍開始在各地展開擊退抗日軍，間接利用辜顯榮招降鐵國山的簡義成功。惟鐵國山另擁立柯鐵為首領，繼續採用「天運」的年號，自稱「奉天征倭鎮守台灣鐵國山總統各路義勇」，號召天下驅逐日本。

(4)天運：1896年6月，雲林集集的鐵國山(大平頂)的抗日軍千餘人擁立簡義、柯鐵等人為首領，制定年號為「天運」，向全島發出抗日的檄文。

(5)大靖：嘉義阿里山脈溫水溪地區的黃國鎮，與附近各地抗日首領結盟，於1896年7月攻擊嘉義。半年後的1897年初，統轄嘉義東堡49庄，制定年號「大靖」，自稱皇帝。

(6)高屏好漢：指日軍侵台初期，南部高屏地區的鄭吉生、林小貓等抗日英雄。

高屏地方抗日武裝勢力有兩大股；一為屏東六堆義軍，一為鳳山的鄭吉生、林小貓勢力。前者於1895年10月，乃木希典的軍隊在枋寮登陸後曾在茄冬交戰。後者以鳳山為基地，鄭吉生傷亡後，

由林小貓繼承。後來南部抗日有三大事件：

1) 阿公店(岡山)大屠殺：1898年12月，魏開、
   陳魚等會攻阿公店，戰後日本軍肆行殺戮
   一般居民，焚燒民房，造成阿公店大屠殺。

2) 潮州大激戰：1898年的12月，林小貓聯合
   客家抗日領袖林天福會攻潮州，佔領2日後
   敗退。

3) 林小貓被慘殺：林小貓在潮州敗退，後於
   1899年5月，因陳中和的奔走接受招降。其
   後，在鳳山經營製糖致巨富。惟日人不放
   心，於1902年5月，大批軍警圍攻林宅進行
   大撲殺。

第 3 首

保甲(1)匪徒刑罰令(2)，
Bōrqah hūidǒ henghuat leng.

酷橫亂刣(3)義勇兵，
Kōkhěng luąntǎi gįyōng bēng.

抗日西線(4)暫熄火，
Kòng Rīt sesuąn tsiąm sīthuè.

原民出草(5)無時停。
Guan vǐn chūtchàu vorsi těng。

總督府高壓統治台灣，實施
保甲制度，頒行嚴峻的匪徒
刑罰令。

為了鎮壓台灣人的反抗，日
本的統治者動輒濫行屠殺。

兒玉就任總督以後，抗日的
勢力日益衰退，戰火暫熄。

原住民對於外來的侵略者，
出草馘首抗爭不斷。

 註解

(1)保甲：地方最基層的行政組織，十戶一甲，十甲
　(100戶)為一保，設甲長、保正協助警察維持治安。
　總督府為對付抗日勢力，除武力鎮壓與勸誘招降
　外，於1898年8月以律令第21號公佈「保甲條例」。
　規定保甲之內，監視、密告、犯法連坐。

(2)匪徒刑罰法令：總督府認為反抗日本統治的都是
　「匪徒」。為嚴懲「匪徒」，乃於1898年(兒玉總
　督時代)11月頒布「匪徒刑罰令」。

它規定凡使用暴行或脅迫以對抗官憲、軍隊、破壞公共設施者，不論主從甚至未遂犯均處死刑。最野蠻的是，此令施行前觸犯者仍依本令處斷。按從本令公佈至1902年，林小貓被殺的四年之間，被殺戮的「匪徒」多達12,000名。

(3)酷橫亂刣：酷橫(Kōkhěng)；蠻不講道理，刻薄。殘酷亂刣(luạn tǎi)；隨便殺人，濫殺無辜。

日軍不但對於抗日民軍接受招降者濫殺，甚至在戰後報復性地大屠殺一般人民，燒毀房子，毀滅村庄。

(4)抗日西線：謂抗日西線無戰事。兒玉源太郎於1898年就任總督後，強調他的職務是「統治台灣，不是征討台灣」。除了武力對付抗日軍，更用招降策略消滅抗日勢力。

1902年夏天屠殺林小貓後，到1907年新竹北埔武裝抗日事件發生的5年間，台灣出現平穩狀態。

(5)原民出草：山地原住民族對於侵入「番地」的異族必訴諸出草馘首予以驅除。總督府的勢力擴大到山地，即引發原住民的武裝抗爭。

他們主要的攻擊駐在山地的警察機關，製造樟腦的腦寮和圍堵番地、封鎖番民的隘勇線監視站隘寮。

第4首

土地(1)人口大普查(2)，
Tōde rinkàu duạ pōtsā.

基礎建設(3)創蓋大，
Qichō qiànsiat chòng qàidua.

統一貨幣(4)度量器(5)，
Tōngyit huèpẹ dọ liong kị.

鴉片統治(6)足拖磨。
A pẹn tōngdi tsiōk tuavuǎ。

台灣總督府對於台灣的土地和人民，進行全面性的調查。

為了謀求台灣財政的自立，大規模建設各種產業發展所必須的基礎工程。

統一貨幣發行紙幣，並統一度量衡制度促進經濟發展。

基於治安的考量，對鴉片問題採取漸禁政策，並設立鴉片專賣制度，拖到終戰前夕。

 註解

(1)土地調查：直至清末，台灣土地的形態還是封建式的，成為資本主義產業開拓的桎梏。劉銘傳雖然曾經進行土地丈量和改革，卻未成功。日本領台當初，在兒玉源太郎就任總督時(1898)，抗日動亂未平靖就著手實施土地調查地籍、地形、以及三角測量三種事業。前後費時6年，動員167萬

154

人次。其成果是；田地31萬3,700甲，畑地30萬
5,600甲，共約62萬甲，超出預計的一倍。

(2)人口普查：總督府在抗日動亂平息的翌年(1903)6
月頒布「戶口調查令」。1905年10月1日零時起
實施三天的臨時戶口普查。

三個月後的1906年1月，據此廢除原有地方機關
的戶籍，代之以警察編製的戶口調查簿，記載戶
口的異動資料。統治者乃得掌握全台人口動態與
人力資源。

這次人(戶)口普查結果：戶數58萬5,195戶，人口
數約300萬人(3,039,751人)。其中日本人57,335人，
中國人僅8,973人。又福佬人約250萬人，客家人
約40萬人。

(3)基礎建設：指道路、鐵路、港灣、發電等基礎結
構的工程建設(infrastructure)。這些都是產業發展
的必具備的前提。

(A)鐵路：1899年5月至1908年4月，耗時9年，縱
貫鐵路全線開通。此外至日治末期更完成大
小支線鐵路1,500公里。

(B)道路：主要利用抗日的投降者和保甲制度的義
務勞役，至1907年完成了路幅1.82公尺以上的

道路約6,400公里。

(C)港灣：後藤新平的手下實現了基隆港的擴港計畫。後來才完成高雄港的第一期工程(1908～1912)。

(D)水利和水力：發展農業，尤其是稻穀必須振興水利事業。1902年水利「組合」(協會、公會)管理埤圳，並進行水利工程建設(瑠公圳、卑南大圳)。

水力發展是工業必需的動力，兒玉時代建設新店龜山發電所。後來1919年～1934年完成日月潭水力發電廠10萬千瓦。

(4)統一貨幣：清領時代，台灣的貨幣多達一百多種。日治初期猶以「墨銀」(墨西哥銀)為主幣，並輸入日本銀行的「兌換券」。

到了1899成立「台灣銀行」，遲至1904年，台銀才發行銀行券(紙幣)，對於長期慣用硬幣不啻是貨幣的革命。七年後(1911)，施行貨幣法，台灣的貨幣才完成統一與日本國內同一制度。

(5)統一度量器：總督府於1895年10月輸入日本式度量器。1901年施行「台灣度量衡條例」，並限制1903年末禁用舊式的度量衡。1906年起，度量衡

由官營為準。

(6)鴉片統治：鴉片危害台灣已久，不但吞噬了龐大
的稅金，戕害身體腐蝕人心。總督府基於治安的
考慮採取「漸禁」政策。

乃木總督時(1897)以律令第2號頒布「鴉片令」。
後藤早在來台就任前即已提出「有關台灣鴉片制
度的意見書，設計鴉片漸禁政策」。不嚴禁；免
患者無法適應而猝死，亦可解消吸者的反抗引起
治安問題。同時規定；鴉片的專賣，責令販售商
協助對付「土匪」（抗日勢力）。

鴉片漸禁政策，專賣制度維持到終戰2個月前的
1945年6月17日(日本統治台灣「始政」50週年紀
念日)才被廢止。兒玉時代(1906)，鴉片的收入多
達443万圓，占歲入(2600万圓)的17%。

第5首

剝削橫行靠專賣[1]，
Bāksiah huaiⁿ hĕng kòr tsuanve.

振興糖業[2]大獎勵[3]，
Tsīnhēng tnggiāp duạ tsiōng le.

衛生行政[4]顧生命，
Wesēng heng tsẹng qò sèⁿ miā.

教育差別[5]做奴隸。
Qàuyōk chabiāt tsòr lole。

總督府殖民統治台灣，利用
專賣制度極盡剝削之能事，
橫行無忌。

改革製糖生產，大力獎勵種
植甘蔗。

台灣的熱帶瘴癘嚴重，身為
醫生的民政長官後藤新平很
重視衛生行政。

統治者與被統治者之間差別
性的教育，旨在教育台灣人
成為日本人的奴隸。

註解

(1)專賣：指專賣制度，它不只成立官營的獨占企業，
　　而且更藉由指定委託的方法，給予民間資本家獨
　　占的地位，阻礙競爭進步。專賣是一種剝削消費
　　者的惡劣制度。日治時代的專賣制度，在戰後被
　　中國國民黨政府所承襲為禍至鉅。
　　台灣總督府的幾種事業的專賣制度如下。

(A) 鴉片：1896年開始，官營獨占製造，進口大多由三井公司掌握。販賣、零售則指定特定御用商人。

(B) 樟腦：1899年開始專賣，粗製和精製分別由台灣製腦株式會社和日本樟腦株式會社獨占。

(C) 食鹽：除天日製鹽由一般業者外，其餘煮熬鹽和洗滌鹽分別由台灣製鹽株式會社和專賣局製鹽所獨占。

(D) 菸草：1905年分別由三井公司和專賣局獨占。

(E) 酒：1922年才開始專賣，由專賣局設15所工廠自營獨占，禁止從來的舊酒廠造酒。

(2) 振興糖業：台灣的製糖原料為甘蔗，蔗糖業早在17世紀初葉荷蘭時代即已開始。清末台灣開港後，台灣的製糖業出口鼎盛。

日本領台後，全國砂糖供不應求。後藤新平的殖民政策主軸為振興產業，其中心為獎掖糖業。

以往台灣的蔗糖製造工廠是糖廍，利用人力或牛力作榨蔗的動力，製作技術也幼稚。後藤於1900年獎助三井和糖商鈴木商店設立「台灣製糖株式會社」，旋在橋仔頭設立第一所新式機械製糖工廠，於1902年投產。

一方面於1901年禮聘農業專家新渡戶稻造(Nitobe Inazo)為總督府殖產局長。新渡戶提出「糖業改良意見書」，利用國家權力發展台灣的蔗糖業，於

1902年以律令第5號公佈「台灣糖業獎勵規則」。

(3)大獎勵：指台灣總督府採納新渡戶的意見書，大事獎勵民間從事糖業企業。根據上述糖業獎勵規則，對蔗作或製糖業者發給各種獎勵金(蔗苗、肥料費、開墾費、灌溉排水、器具費等)。結果，日本國內財閥湧入台灣製糖業界，一時製糖會社如雨後春筍，而農地的蔗園化亦引發了諸多紛爭問題。不過，卻也造成台灣糖業的黃金時代。

(4)衛生行政：台灣氣候高溫多濕，自古以來熱帶瘴癘嚴重。清末時，台北的環境衛生惡劣，下雨時家畜糞尿到處流洩。

後藤新平本身為醫生，首重衛生行政設施。1899年創辦台灣醫學校，招募醫生來台協助推動衛生行政，設立熱帶病試驗所(台大醫院前身)，實施預防注射、種牛痘、大掃除、消毒臭蟲等大大地提高了衛生品質。

(5)教育差別：總督府首任學務部長伊澤修二認為日台有共同的漢字，乃主張透過漢字教台灣人日語。擬由語言的同化達成民族的同化，把台灣人改造成日本人。

日本領台初期，雖然實施現代式的國民教育，不但限於初等教育，也非義務教育(1943年才實施)。而且，區分為日人就讀的「小學校」，和台灣人的「公學校」。前者由地方政府負擔，後者限於地方街庄有能力者始准設立。

第6首

武夫總督[1]佐久間[2]，
Vūhū tsōngdok Tsōrqiūqān.

征番抗日[3]激波瀾，
Tsenghuān kòngRīt kēk porlǎn.

交通[4]產業[5]製糖旺，
Qautōng sāngiāp tsètňg ong.

移風易俗[6]大改觀。
Yihōng yeksiok dua qāiquān。

第五任的台灣總督佐久間左馬太，是純粹的軍人老粗。

佐久間任內積極對付原住民，執行鐵血政策，而平地住民也不斷武裝抗日。

這個時期，交通和產業發展，尤其製糖業勃興。

社會文化習俗，由於黃玉階等人提倡解放纏足、剪斷辮髮，而大有改觀。

註解

(1)武夫總督：日本領台當初，中央設置「台灣事務局」，規定台灣的總督必先具備中將以上的軍職(階)，經天皇勅裁。所以總督都是軍人，不過繼兒玉源太郎之後任的佐久間總督，卻是軍人中的武夫，剛猛好戰。

(2)佐久間：第五任總督(1906年4月～1915年5月)，是19名總督中任期最長(9年20日)的佐久間佐馬太(Sakuma Samata)總督。

他於1874年參加牡丹社之役，日清戰爭後任近衛師長，日俄戰爭時任東京衛戍司令。2年後就任台灣第五任總督，時值明治末年，台灣人再次掀起武裝抗日。

(3)征番抗日：台灣的原住民對抗外來侵入者從不妥協，以武力對抗。佐久間總督對高山族執行鐵血政策，且親自出征，為前四任總督所不曾插手的問題。

一方面也不斷地引發平地的武裝抗日事件；1907年，北埔的蔡清琳率眾殺北埔日人，戳破了五年的平靜。後來又發生林圯埔事件、土庫事件以至於慘烈的噍吧哖事件(1915)。

(4)交通：分為鐵路、道路與港灣。

(A) 鐵路：1899年開工至1908年4日竣工，縱貫鐵路405公里通車。

(B) 道路：利用投降者和保甲的義務勞役築路長達6,400公里，於1907年完成。

(C) 築港：擴建打狗(高雄)港。

(5)產業：日俄戰爭前後景氣興旺，產業發展，阿里山森林事業開始。日本國內資本湧入台灣的製糖

業，製糖會社如雨後春筍設立起來，奠定了第一次世界大戰後台灣糖業的黃金時代，席捲了亞洲及世界各地而被稱為「糖業帝國主義」。這一時期設立的主要製糖會社有：(A)明治製糖(1906)，(B)大日本製糖(1907)，(C)林本源製糖，(D)辜顯榮製糖，(E)新竹製糖(均於1909)，(F)帝國製糖(1910)，而且成立「台灣糖業聯合會」(1910)。

(6)移風易俗：20世紀初，台灣還遺留一些不潔的封建習俗。日本統治下推行近代化，除非是傳統優美的風俗文化，即以緩和方法予以革除。

(A) 台北天然足會：1900年3月，總督舉行「揚文會」。台北漢醫黃玉階藉機糾集同志40人成立解放纏足的「天然足會」。總督府視纏足是陋習、不健康、不衛生，但未予干涉。至1915年才在保甲規約中禁止。

(B) 黃玉階於1909年成立「斷髮會」，提倡男子剪除辮髮。1911年在台北大稻埕公學校舉辦「斷辮髮會」。

(C) 改革曆法：總督府提倡近(現)代化，實施陽曆，於1909年末廢止用陰曆。

【第17篇】大正治台（上）14年（1912～1925）

第1首

大正登基⁽¹⁾抗日起⁽²⁾，
Dạitsẹng dengqī kòngRīt kì.

大正天皇繼承明治天皇即位後，台灣人的武裝抗日再度爆發。

飛蛾撲火⁽³⁾毋驚死，
Huigǒ pōkhuè m̩ qiaⁿsì.

抗日者大多有勇無謀，如飛蛾撲向火焰視死如歸。

西來庵⁽⁴⁾內謀起義，
Seilai-am lai vọ kīgi.

台南西來庵「菜堂」成為抗日志士謀議起義的基地。

大軍壓境⁽⁵⁾噍吧哖⁽⁶⁾。
Duạ qūn āpqèng Dabanǐ。

事機洩漏後，逃往噍吧哖(玉井)山區抵抗日軍的龐大部隊。

 註解

(1)大正登基：1912年7月，明治天皇歿後，大正天皇繼承登基。

(2)抗日起：日本領台初期，台灣人的武裝抗日分兩期；前期是1895年6月至1902年夏，後期是1907年北埔抗日事件起至1915年西來庵噍吧哖事件，

164

各約8年之久。

(3) 飛蛾撲火：後期武裝事件如北埔事件、林杞埔(竹山)事件(1912)、土庫事件(1912)，以及六甲羅臭頭事件(1914)等都是託神諭愚昧無謀的抗日事件，形同飛蛾撲火。

(4) 西來庵：台南市內的「菜堂」(齋堂)西來庵內，屏東人余清芳與吃齋佛教徒謀議，利用神諭，符咒要建設「大明慈悲國」。稱日本領台20年期限已到，積極計劃起事，乃與江定(在楠西)及羅俊(在嘉義，員林)聚會，事洩引發日軍的征剿。

(5) 大軍壓境：余清芳等謀議抗日事洩後，逃往噍吧哖(今玉井)，攻甲仙埔等地。先是與日本警察大隊激戰，後遭日軍大部隊圍剿，結果近二千人被捕，處死約百名。

(6) 噍吧哖：1915年7~8月間，余清芳等西來庵的抗日事件，因主戰場在噍吧哖(Dabani)又稱噍吧哖事件。Dabani地名改稱音接近的Tama i(口語為玉井)。

第2首

曇花一現[1]同化會[2]，
Tamhuā yīthen donghuàhue.

日台的同化會像稀有而美麗的曇花，才開放很快就凋謝了。

殖民教育差別濟[3]，
Sitvĭn qàuyōk chabiāt tsue.

殖民地的教育政策，對待日本人和台灣人差別很多。

醫農工商[4]育英才，
Yilŏng qangsiōng yọk yengtsăi.

醫學教育和農工商職業教育積極培養人才。

女校[5]私中[6]新天地。
Lūhau sudiōng sin tende。

女子教育很早興辦，台灣人的中等學校自己開設。

註解

(1)曇花一現：曇花，綠色沒葉片，花大而白，多在夜間開放。比喻為稀少容易消逝的事物。曇花一現：曇花開放後很快就凋謝。

(2)同化會：台灣人的非武裝抗日運動的領袖林獻堂(霧峰人)，為爭取台灣人與日本人「平起平坐」的同等權利，跟明治的元勳自由民權運動的領袖板垣退助伯爵(高知縣人)合作，組成「台灣同化會」

(1914年尾)。

雖然徵得首相大隈重信(早稻田大學創辦人)的同意,卻為在台日本人所反對,才一個多月就被逼解散而夭逝。

(3)差別濟:差別待遇很多而顯著。殖民地的教育政策對被統治者即使不愚民,也不重視普及教育(1943年才實施義務教育)以利統治。

教育機會的不平等是最大的差別。中等以上的教育,那祇是統治者日本人才能享有。

(4)醫農工商:總督府對台灣人的教育政策,祇重視醫生、農工商的職業教育,不讓台灣人接受法律政治方面的教育。

(5)女校:總督府在國語學校的附屬學校最初設立「女子分教場」(1897),卻遲至22年後才改制為「台北女子高等普通學校」(1919)。嗣後在彰化、台南各設一校。

(6)私中:霧峰的林獻堂為爭取台灣人的受教育權利,於1913年聯合辜顯榮、林熊徵等士紳爭取創設(五年制)台中中學,於1915年五月成立,為今日的台中一中。

第3首

林業振興[1]阿里山，
Limgiāp tsīnhēng Alīsān.

安東[2]偏逢戰災難[3]，
Andōng penhŏng tsèntsailan.

明石[4]任短治績濟[5]，
Vengtsiòr rimdè ditsek tse.

往生有情葬台灣[6]。
Ōngsēng wụtsĕng tsòng Taiwăn。

森林的採伐與造林建設了阿
里山、太平山等各大林場。

安東總督任內，日本對外參
加第一次世界大戰，台灣則
發生了日治下最大一次噍吧
哖武裝抗日事件。

明石總督任期雖短，他的治
績很可觀。

他對台灣很有情義，逝世後
照遺言埋葬在台灣。

註解

(1)林業振興：日本領台初期祇有做土地(田畑)調查，
　　對佔全台70%的山野林地於1911年才開始調查。總
　　督府小笠原富二郎發現阿里山有廣大(3萬公頃)大
　　森林(1900)，建設阿里山登山鐵路於1911年通車。
　　林場的經營；採伐和造林成為一大產業。
　　總督府的殖產興業以林業的成長指數最高；1902

年為100，則1937年高達267.9倍。台灣的檜木、樟木等珍貴的木材多數輸入日本。

(2)、(3)安東：指安東貞美總督，任期三年(1915年5月~1918年6月)，時正逢第一次世界大戰，而台灣發生余清芳的噍吧哖武裝抗日事件。

(4)明石：即前期末任武官總督(第七任)明石元二郎，任期僅一年多(1918年6月~1919年10月)，在回九州福岡歸省途中患腦溢血過世。

(5)治績濟：明石在任中，創設台灣軍，總督府大樓落成，頒布台灣教育令學校系統化。縱貫鐵路中部海線開通。

(6)葬台灣：明石總督逝世後(56歲)，遵其遺囑將遺體運回台北埋葬。

第4首

竹林⁽¹⁾蔗地⁽²⁾起紛爭，
Dēklǐm tsiàde kī huntsēng.

經濟產業殖民型⁽³⁾，
Qengtsę̆ sāngiāp sįtvinhěng.

總督大樓⁽⁴⁾展威壓，
Tsōngdok duạlǎu dēn wī-ap.

戰爭景氣好牽成⁽⁵⁾。
Tsèntsēng qēngkị hōr kan sěng。

總督府剝削了竹農的竹材及竹筍，強制徵購農地充蔗糖地而引發抗日鬥爭。

對台灣的經濟產業政策是剝削型的殖民地支配。

總督府的大樓蓋得豪華壯麗，威風凜凜傲視台灣人。

第一次世界大戰給日本和台灣帶來了好景氣，產業繁榮，教育建設都充實起來了。

註解

(1)竹林：日本三菱製紙公司用竹材製紙實驗成功，藉總督府的權力強行剝削奪取竹山地方的竹農的產權引發民怨。劉乾利用迷信煽惑竹農襲擊派出所，爆發林杞埔(竹山)抗日事件(1912)。按此竹林事件抗爭20年，至1929年才獲解決。

(2)蔗地(起紛爭)：日本領台後，在後藤新平時代即極力獎勵製糖業。帝國製糖會社在台中成立(1910)

後，糖業更在中北部發展。

總督府乃於1914年11月強徵東勢角農地千餘甲充蔗地，引發農民反抗剝削的武裝鬥爭。

(3)殖民型：殖民型的經濟產業政策，指統治者利用其統治的威權，為擁護政府的政策，偏袒統治階級的利益；濫用公權力對被殖民者強行剝削掠奪。

(4)總督府大樓：台灣總督府大樓於1912年開始興建，耗時7年於1919年落成。建地2,100坪，是文藝復興的樣式建物。威風凜凜威壓台灣人，象徵日本對台灣的威權統治。戰後被國民黨外來統治者所繼承成為「總統府」。

(5)牽成：幫助、照顧、提拔之意。此處謂戰爭帶來好景氣，百業繁榮，對建設業，教育設施等都有很大的貢獻。

第5首

埤圳[(1)]水路連阡陌[(2)]，
Bitsụn tsūilo lian chenvek.

農田裡的池塘，大小水溝聯繫著縱橫交錯的小路。

永吉苦心[(3)]積好德，
Eṅgqiat kōsīm tsēk hōrdek.

磯永吉數十年苦心研發，培養出稻米的新品種，為台灣人積好功德。

蓬萊新米[(4)]軟佫芳，
Honglǎi sinvì nǹg qōrh pāng.

新品種的蓬萊米，既軟又香。

米糖相剋[(5)]有選擇。
Vītǔg siongkek wụ suāndēk。

稻米的種作與蔗糖的生產造成衝突的「米糖相剋」，利用水利系統分區輪作獲得解決。

註解

(1)埤圳：埤(bī)是田地裡的貯水池、池塘、小型沼澤。
圳(tsụn)是農地裡的大小水溝，灌溉用。

(2)阡陌：chen vek，即田岸路(chan huaⁿlo)，田地中間縱橫交錯的小路。

(3)永吉苦心：日本廣島縣人磯永吉，於1912年來台從事農產品改良研究。他花了十二年將日本米和台灣米交配成功地培育出新米種，於1926年由總

172

督伊澤多喜男以台灣為「蓬萊仙島」而命名為「蓬萊米」。

磯永吉在台近50年，83歲退休，台灣人為表感恩而贈米給他終生食用，被尊稱為「台灣蓬萊米之父」。

(4)蓬萊新米：磯永吉利用日本米和台灣米交配研發出來的新稻米。

日本領台前台灣的米即「在來米」，比較粗硬又摻雜紅米，烏(黑)米，收成量少。日本米有黏性軟稠。日台米交配成功能普遍種植者即「蓬萊米」。

(5)米糖相剋：蓬萊米出爐後，包括嘉南大圳等灌溉系統的充實，台灣本土資本掌握了稻米生產。而總督府從來重視糖業，乃有「米糖相剋」問題。於是統合水利機構，利用水資源以分區輪作方式解決這個問題。

第6首

軍人總督換文官[(1)]，
Qunrǐn tsōngdok wuạ^n vunquā^n.

台灣的總督由軍人改為文官
來擔任。

武力抗日已收山[(2)]，
Vūlēk kòngRīt yī siusuā^n.

台灣人的武力抗日在余清芳的武
力抗日慘敗後已結束。

地方政制定州廳[(3)]，
Dẹhñg tsèngtsẹ dẹng tsiu tiā^n.

日本領台後，地方行政制度
第三次改制，設州和廳到終
戰。

政治鬥爭大車盤[(4)]。
Tsèngdi dòtsēng duạ chiabuǎ^n。

台灣人的抗日鬥爭由武力改
為政治文化的抗爭。

註解

(1)總督換文官：日本殖民統治台灣50年(1895~1945)，
　　總督19人，第1~7任均為軍人，第8~16任為文官，
　　第17~19任因是日中戰爭時期，所以又回復軍人
　　做總督。
　　文官總督田健治郎從1919年10月開始，到末任於
　　1936年9月止約17年換了九名。除了首尾兩任各
　　約四年，餘各一年左右。

(2)已收山：收山(siusuā^n)，台語意為結束，落幕。多用於否定的表現，"獪收山"(ve/vue~)，意謂沒法結束、收場。已收山，即已經結束了。

(3)定州廳：改革地方行政制度，到最後不再變更都是州和廳的制度。

自1920年至1945年，日本領台的一半期間，地方政制以州為主，全台設5州(台北、新竹、台中、台南和高雄)，州下設3廳(台東、花蓮港和澎湖)。

(4)車盤：台語chiabuǎ^n，意為反覆不斷地爭論、文鬥。

第 1 首

同化日本[1]免做夢， Donghuạ Rịtbùn vēn tsòrvang.	台灣人要同化為日本人，平等相處別再做夢了。
總督權力有輕放[2]， Tsōngdok quanlēk wụ kinbạng.	總督換了文官，統治的權力有所削弱而溫和。
流血抗日仙毋通[3]， Lauhueh kòngRīt siān m̩ tāng.	流血的武力抗日必無贏面，千萬不要搞了。
政治文鬥[4]罔向望[5]。 Tsèngdī vundạu vōng nǹgvang。	合法的政治抗爭運動不妨試試看，也許有成功的可能。

註解

(1) 同化日本：指林獻堂配合板垣退助，於1914年尾組織推動的台日同化運動，才一個多月就被總督府勒令解散。

(2) 輕放：輕輕地放手，喻總督大權釋放了若干。原本依「六三法」，總督有制定具有法律之權力，形同「台灣王」。至1906年才用「三一法」略加限制。

1999年任用文官總督，略受大正民主主義浪潮的影響。1921年「法三號」規定日本本土的法律適用於台灣，更限制了總督的律令制定權。

(3)仙毋通：千萬不要，台語「siān dor m̩ tāng」，sian常和「都」字連用，但也有用「chiān m̩ tāng」，則是「千萬毋通」。

(4)政治文鬥：台灣同化會雖然失敗，卻是使台灣人認知組織文鬥抗日的重要。
1920年，在東京的台灣人即推動撤廢「六三法」，實際走上政治鬥爭運動。

(5)罔向望：向望，意為指望，寄望。罔，姑且，何妨。罔向望，何妨寄以希望。

戰後⁽¹⁾世界大搬風⁽²⁾，

Tsiàn au sèqąi duą buaⁿhōng.

田健治郎⁽³⁾起掠狂⁽⁴⁾，

Dian-Qiandị lǒng kī liahqǒng.

台灣地位沐沐泅⁽⁵⁾，

Taiwǎn dẹwi bọkbọksiǔ.

同化自治⁽⁶⁾對午沖⁽⁷⁾。

Donghuą tsụdi dùi ngōchiōng。

第一次世界大戰結束後，各
種情勢發生重大的變化。

台灣的首任文官總督田健治
郎，緊張起來而有所改革。

台灣未來的地位困難重重，
處在無助地掙扎中。

跟日本同化或自立自治，兩
者是互相矛盾不相容的。

註解

(1)戰後：指第一次世界大戰(1914年7月~1918年11月
)結束之後，即1918年尾以後。

(2)大搬風：重大的改變。搬風：改變、變遷。

(3)田健治郎：台灣第八任總督，亦是首任文官總督，
在職四年多(1918年10月尾~1923年9月初)。
日本領台當初設「台灣事務局」，他與原敬同為
委員，主張台灣總督宜任用文官。
原敬做首相後派田氏做台灣總督，因應時代變化
多所改革。

178

(4)起掠狂：掠狂，意為緊張，慌張。此處指田總督
　　對台政多所改革。

　1. 推行同化政策，即「內地延長主義」，日本法
　　　律適用於台灣。

　2. 日台共學，公布新教育令(1922)減少教育差別
　　　以為同化手段。

　3. 開啟形式的地方自治，安撫台灣人。實施人口
　　　普查(1920)，得365萬4,398人。

　4. 嘉南大圳開工。

　5. 廢止笞刑。

　6. 邀請皇太子(後來的昭和天皇)訪台(1923)。

(5)沐沐泅：泅，即水中游動，游泳也。沐沐泅：意
　　為在水中掙扎游動，喻處於艱難困境中無助的情
　　形。

(6)同化自治：同化，指台灣人跟日本人同化，旨在
　　使台灣人在日本國內不具特殊情況，特殊地位。而自
　　治則台灣人有別於日本人，所以要自立自治。

(7)對午沖：原為算命的用語，謂男女對沖的命所以
　　不宜結為夫妻。此處指對立，衝突。

第3首

民族自決[1]風潮起，
Vintsōk tsukuat hongdior kì.

一次大戰後民族自決的風向、潮流遍地洶湧。

殖民統治足無理[2]，
Sitvǐn tōngdi tsiōk vorlì.

殖民地的壓迫與榨取式的統治毫無道理。

在日台民任先鋒[3]，
TsaiRīt Taivǐn rim senhōng.

在日本的台灣人，和留學生憂心台灣前途充任先鋒。

請願議會緊設置[4]。
Chēngguan gihue qīn siātdi。

組織新民會，發起台灣議會設置的請願運動。

 註解

(1)民族自決：第一次世界大戰結束，召開巴黎和平會議(1919年初)，美國總統威爾遜提出「十四點原則」(Fourteen Points)；其中「民族自決」(self-determination)為一大重點。因而很多被殖民地的人民紛起要求自決獨立。

(2)足無理：足；很也，非常沒道理。

(3)任先鋒：在東京的台僑及留學生，因受戰後民族自決及大正民主主義的影響而覺醒。於1920年初

組織「新民會」(林獻堂和蔡惠如分別為會長及副會長)，推動台灣民族解放運動，發行「台灣青年」啟蒙民智，提昇文化。

(4)緊設置：緊，意為趕快。新民會為母體推動設置台灣議會，爭取參政權的請願運動。

第4首

議會運動[(1)]十四冬[(2)]，
Gihue wṇndong tsapsì dāng.

對抗同化台灣人[(3)]，
Dùi kọng donghuạ Taiwanlǎng.

啟蒙民智辦雜誌[(4)]，
Kēvǒng vindị bạn tsạptsị.

叩頭請願無彩工[(5)]。
Kāptǎu chēngguan vor chāiqāng。

台灣議會設置的請願運動，前後提出十五回請願，歷時十四年。

請願設置台灣人的議會，旨在保全台灣人的特殊性地位，對抗總督府壓迫的同化政策。

政治運動的目標，首要任務在於啟蒙民智，創辦雜誌。

叩頭式的陳情請願，結果是徒勞無功，不了了之。

註解

(1)議會運動：指台灣議會設置請願運動。日本領台後，總督根據「六三法」(法律第六十三號)有立法權力，可以恣意專制獨裁。台灣人不斷抗爭要求撤廢「六三法」。這一次大戰後民族自決，大正民主主義抬頭，日本政府對台灣人採取同化政

策，但「三權立法」制仍不適用於台灣。

惟「六三法」雖是惡法，卻立腳於台灣的特殊性，反同化主義。因而在東京的林呈祿等政治運動者，乃改弦更張要求設立台灣人參與特別立法的制度，即代議機構。於1921年初第一次向日本國會提出設置台灣議會的請願書。前後連續提出十五次，歷時十四年，至1934被迫停止，終告失敗。

(2)十四冬：即十四年，自1921年初至1934年。

(3)同化台灣人：日本政府於第一次世界大戰後，由於民族自決風潮盛行，對台灣的統治改為採取同化的方針。亦即漸進同化的方式，所謂內地(日本)延長主義，普及教育。由日語教育切入，國內法適用於台灣，但仍限制自治、立法權。

(4)辦雜誌：第一次大戰後，在東京的留學生組織「台灣青年會」，創辦機關誌「台灣青年」，於1920年7月推出創刊號，是為台灣政治運動的第一個刊物。後來1925年獲准在台灣發行(半月刊，改名「台灣民報」)，並於1929年改名「台灣新民報」發行日刊。

(5)無彩工：徒勞無功，白費努力。

第 5 首

文化思想緊提煉[1]，
Vunhua̖ susiòng qīn telian.

啟蒙推手蔣林聯[2]，
Kevǒng tuichiù TsiūⁿLǐm liǎn.

文化協會[3]春雷響，
Vunhuà hia̖phue chunlǔi hiàng.

反抗殖民聲連連[4]。
Huānko̖ng si̖tvǐn siāⁿ lianliǎn。

文化和思想落後跟不上時代，必須趕緊去蕪存菁提升起來。

啟蒙運動的最大推動力，由蔣渭水和林獻堂聯手。

他們組織了「台灣文化協會」，有如春雷響徹全台。

於是反抗日本殖民的民眾，各種團體紛紛響應。

註解

(1) 緊提煉：緊，趕緊，趕快。提煉即精製，去蕪存菁。20世紀初頭，台灣人大多不識字，文化思想落後跟不上現代化的時代，乃有必加緊啟蒙教化。

(2) 蔣林聯：蔣指蔣渭水，林即林獻堂。謂兩人聯手合作組成「台灣文化協會」成為20年代台灣人反殖民統治民族運動的母體。

(3)文化協會：1921年夏天，林獻堂率領的「台灣議會」設置的第一次請願團從東京返台，進行演講宣傳，民眾大為振奮。蔣渭水乃與林獻堂協議組織文化協會以為民族運動的指導團體。歷經三個月的籌備，於同年10月17日在台北市靜修女中正式召開成立大會。時林獻堂40歲，蔣渭水才30歲，其餘幹部多是20~30歲年代。

(4)聲連連：喻響應文化協會，參加協會所舉辦的各種活動的民眾之多。

第6首

文協活動[1]遍地花[2]，
Vunhiāp wạhdong pèndẹ huē.

勞農問題[3]無理會[4]，
Lorlŏng vụndě vor līhue.

階級解放[5]喝聲起，
Qaiqip qāihọng huāhsiāⁿ kì.

鬥爭意識[6]滿天飛。
Dòtsēng yìsek muātiⁿ buē。

文化協會的各種演講會、講習會活動在各地開花。

可是，當初對於勞工農民被壓榨的問題沒能關懷。

勞工農民階級被壓迫，要求解放的呼聲響起來。

於是，解決紛爭訴諸暴力鬥爭的意識到處氾濫。

 註解

(1)文協活動：文化協會舉辦的各種活動，主要的有演講會、講習會、演劇會、電影會以及讀報。其中以演講會，由講師(叫「辯士」)直接向群眾訴述民族意識、民本主義文化知識，回應熱烈。

(2)遍地花：喻遍地開花，各地的活動都熱烈精彩。

(3)勞農問題：勞工的生活窮苦，農民尤其蔗農被榨取，林地被徵收，佃農被剝削。

(4)無理會：沒人理會，未予關切，沒人管。

(5)階級解放：文協成立當初，由地主、資產階級以及小資產者醫生、律師等所領導，指向民族解放、文化的啟蒙。後來，無產青年，社會主義者對於叩頭請願無法解決問題不滿，乃起而在文協奪權，宣稱「文協為農工小商人、小資產階級的戰鬥團體」，從事階級解放運動(1927)。

(6)鬥爭意識：激進的左派掌控了文化協會，保守的舊派退出後，「新文協」乃跟農民組合(農民協會)結成戰線，介入勞動紛爭與佃農爭議，趨向騷擾與暴行，鼓動民眾暴力化。

【第 19 篇】昭和興衰(上)20 年(1926～1945)

第 1 首

裕仁[1]登基啟昭和[2]，
Ruřin dengqī kē Tsiauhŏr.

日本的裕仁皇太子繼承大正天皇即位後，開啓了昭和天皇的時代。

農運[3]抗爭日日多，
Longwun kòngtsēng riṭriṭ dōr.

農民的抗爭運動愈演愈烈，日甚一日。

製糖會社[4]足惡毒[5]，
Tsè tŭg huęsia tsiōk ōkdōk.

製糖公司霸凌、剝削蔗農無所不用其極。

農民組合[6]來相保[7]。
Longvĭn tsorhāp lai siorbòr。

農民團結起來組織農會互相救助自保。

註解

(1)裕仁：日本昭和天皇的名字，即位前是「裕仁(Hirohito)皇太子」。1923年4月搭軍艦(金剛號)航行4日抵基隆後，從北到南(屏東、澎湖)遊歷10餘日。1926年尾，大正天皇過世後即位。

(2)啟昭和：開啟昭和的時代，昭和是天皇的年號。

(3)農運：農民反抗被掠奪剝削，爭取權益的抗爭運動。1920年代，由於社會主義思潮的啟蒙，特別是蔗農被殖民資本家製糖會社和本土大地主的掠奪榨取日甚。

中南部蔗農不堪欺壓，二林庄率先在李應章領導下組成「二林蔗農組合」(1925)，進行血淚的抗爭。

(4)製糖會社：會社即公司，指糖廠的經營企業。20世紀初頭，新渡戶稻造改良台灣製糖生產後，製糖會社如明治製糖、台灣製糖、林本源製糖、帝國製糖等如雨後春筍紛紛設立。

(5)惡毒：兇狠殘暴，喻不擇手段，依靠總督府的權勢，對蔗農強行不對價的採收蔗作等掠奪。

(6)組合：日語「kumi-ai」，即同業公會的組織。農民組合，即農民協會。

(7)相保：互相救助，爭取自己應有的權益。

第2首

文協分裂⁽¹⁾大轉向⁽²⁾，
Vunhiāp hunliāt dua tsuān hiọng.

文化協會開始分裂(1927)，左派激進的勢力逼退了右派保守勢力，改變運動的路線。

領導抗日創民黨⁽³⁾，
Lēngdor kòng Rīt chòng vindòng.

文協分裂後，民族運動優先的林獻堂、蔣渭水等人在台中成立台灣民眾黨領導抗日。

台灣民報⁽⁴⁾遷島內，
Taiwǎn Vinbọr chian dōrlai.

東京的「台灣青年」改組後的「台灣民報」，遷址島內發行(1927)。

工友聯盟⁽⁵⁾齊起動⁽⁶⁾。
Qangyù lianvěng tsiau kīdong。

民眾黨成立後支援勞工運動，蔣渭水乃串聯全島工會成立「台灣工友總聯盟」。

 註解

(1) 文協分裂：文化協會成員身份複雜，青年學生尤多，因受戰後社會主義影響，不滿民族派的溫和抗日作法，乃起而奪權(1927年初)，逼使林獻堂、蔣渭水等人脫離，變成「新文協」。

(2)大轉向：文化協會的抗日路線左右派對立，左派的連溫卿、王敏川等人奪權之後轉換運動方向，改走激進鬥爭、抗爭路線。

(3)創民黨：文化協會第一次分裂(1927年1月初)的半年後，蔣渭水等創立台灣民眾黨於台中。積極參與政治活動，領導勞工團體的工運，逐漸疏離民族運動的路線，走向階級鬥爭。

(4)台灣民報：1920年初創立的「東京台灣青年會」創辦的機關誌「台灣青年」，二年後改稱「台灣」(1922)。翌年改辦「台灣民報」，至1927年7月獲准在台灣發行。1929年改名「台灣新民報」，對當時推動新文學、白話文運動貢獻殊多。

(5)工友聯盟：民眾黨的社會政策積極支持勞工運動，與黨的右派不和諧。時勞工團體林立，乃組織工友總聯盟(1928年2月、大稻埕)，口號「同胞須團結，團結真有力」。

(6)齊起動：齊，文言音(tsě)，白話音(tsiǎu)，意為一齊，同時。齊起動；同時起動，一齊發動起來。

第3首

日台共學[1]教育令[2]，
Rit Tǎi qiọnghāk qàuyọk leng.

教育法令規定，日本人和台灣人在同一個學校學習。

同化政策 Sak 做前[3]，
Donghuạ tsèngchek sāk tsòrtsěng.

總督府反對台灣人自治，推動台灣人同化於日本人的政策。

手尾產業[4]靠女工，
Chiūvuè sāngiāp kòr lūqāng.

用手操作的初級產業，主要的依靠婦女工人。

女權運動[5]半路程[6]。
Lūquǎn wundong buàⁿlọtěng。

擁護提倡婦女地位、權益的運動才幾年就停滯下來。

註解

(1)日台共學：日本人和台灣人同在一所學校學習。首任文官總督田健治郎為了推行同化政策，利用教育做手段而推行日台共學政策。

(2)教育令：日本統治台灣50年，前後公布了四次教育令。①1895~1919的24年間；認為殖民地人民無受教育的必要，日台教育雙軌制，大差別對台灣人只以普及日語為目的。②1919~1922：亦即

前回的教育令的後期，第一次大戰後，台灣人要求提高文化、教育而建立有完整的教育機關系統。③1922~1941的19年間：廢除日台之間教育的差別，公布修改台灣教育令。中等以上學校日台(同校)共學。小學則分常用國(日)語的「小學校」和不常用的「公學校」(台灣人的初級教育機關。1928年台北帝國大學(今台大)開校，台灣的優秀青年乃可考進去就讀。④1941~1945：修正此前的教育令，初等教育統一為「國民學校」不再有差別，而且1943年初開始實施義務教育。

(3)Sak做前：sak即推動。Sak做前，向前推動，或提前推動。指先推動同化政策，再公布教育令。

(4)手尾產業：手尾，音chiūvuè/vè，指手腕以下的小手臂、手掌和指頭。手尾產業，即用手尾操作的生產事業，指採茶、選茶、紡織、編製帽子、竹、藤器、中國靴子等生產工作。手尾工課(~kangkuę)即用手掌工作。

(5)女權運動：提高婦女地位的運動，1926年初在彰化的知識階級的婦女組織「婦女共勵會」，文化協會也有婦女部，提倡男女平等，婦女教育。

(6)半路程：走一半的路，或半途停下來。此處指女權運動於1930年代受總督府壓迫而停滯下來。

第4首

左翼[(1)]彗星[(2)]謝雪紅[(3)]，
Tsōryek huisēng Tsiạ Suāthŏng.

謝雪紅是左派抗日運動勢力的一顆彗星。

台共掛牌[(4)]台獨黨[(5)]，
Taiqiong quàbǎi Taidọk dòng.

台灣共產黨結黨時，宣稱追求民族獨立與建立台灣共和國。

民黨控訴鴉片令[(6)]，
Vindòng kòngsọ a pèn leng.

台灣民眾黨向國際聯盟控訴總督府容允吸食鴉片的政令。

自治聯盟[(7)]緊掠狂[(8)]。
Tsụdi lianvěng qīn liạhqǒng。

民眾黨左傾後，右派脫離而另組「台灣地方自治聯盟」辦活動。

 註解

(1)左翼：即左派，主張改革或革命者，指社會主義或共產主義者，訴諸鬥爭以實現政治目的。

(2)彗星：彗是掃帚，即掃帚星(sàuchiū chē[n])，掃把星，又叫長尾星(dngvē chē[n])，突然出現，不久即消失的星體。台語白話音可讀作(suichē[n])。

(3)謝雪紅：1901年出生於彰化，1970年病逝北京。在69年的坎坷人生中充滿了傳奇，是台灣共產黨的領袖人物。她本名阿女，出身赤貧家庭，自幼失怙，長得姣美，十三歲就被逼嫁人做妾。十六

歲再嫁人為妾，隨夫到神戶滯三年(1917~20)。

返台後即加入文化協會(20歲，1921)。沒幾年後到上海，就讀上海大學，結識中共與日後台共的先驅者。四個月後赴莫斯科留學。兩年後回上海，翌(1928)年4月，與幾個同志創立「日本共產黨台灣民族支部」(台共)。旋被遣送回台，不久獲釋即重建台共，滲透農民組合和「新文協」。1931年被捕，坐牢九年，因肺病假釋出獄(判刑13年)。

二二八事變時，在台中領導武裝抗爭，失敗後從左營坐軍艦逃亡轉往香港，組織「台灣民主自治同盟」(台盟)，兩年後往北京，後遭批鬥，病卒北京(1970，享年69)。

(4)掛牌：掛招牌，喻標榜，揭示。

(5)台獨黨：台灣共產黨結黨時，屬日共的「台灣民族支部」，接受日共提供的建黨綱領。惟日共無人參加，中共派彭榮出席。

會上揭示以「建立台灣共和國」為目標。台灣革命是追求獨立的民族革命。

(6)鴉片令：總督府於1928年公布「改正鴉片令」，特准改正令施行前的癮者吸食。

台灣民眾黨抗議要求中止吸食的「新特許」，中

止鴉片的製造販賣，各地醫師會從旁聲援。民眾黨還致電國際聯盟，並與來台的聯盟調查團會見直訴(1930，3月)。

(7)自治聯盟：民眾黨在蔣渭水領導之下，積極支援工運而左傾化。保守派林獻堂、蔡式穀等乃退出另組台灣「地方自治聯盟」(1930)，至是民眾黨亦分裂。

(8)緊掠狂：緊；趕緊，趕快。掠狂：慌張，發狂。

第5首

埔里[1]群山激風雲[2]，
Bolì qụnsuāⁿ qiēk honghǔn.

莫那兄弟[3]大絞滾[4]，
Monà hiaⁿdi duạ qāqùn.

霧社國校[5]修羅場[6]，
Vụsia qōkhau siulo diǔⁿ.

泰雅姐妹[7]添冤魂。
Tàigàⁿ tsīmuai tiam wanhǔn。

南投縣埔里周圍的山峰群在
醞釀風雨。

莫那魯道帶領番社群眾起事
，武裝抗日。

霧社國民學校的校園變成血
肉橫飛的戰場。

泰雅族的婦女們無辜地死得
很冤枉。

註解

(1)埔里：南投縣埔里地方為一盆地，從來是台灣山
地原住民南北番的分界點，北番主要為泰雅族。
惟此地多移住平埔族，距霧社約17公里。

(2)激風雲：激，音qiek；醞釀，釀成，激起之意。
激風雲，意為醞釀風和雨，喻危險事件即將爆發。

(3)毛那兄弟：泰雅族霧社馬赫波社的頭目莫那魯道，
及各番社的社眾。

(4)絞滾：絞，音qà，意為轉動、扭轉、捲轉。絞滾，

即轉動、滾動。喻騷亂，翻騰，暴動。

(5)霧社國小：霧社，今南投縣仁愛鄉大同村，1930
年10月27日早上八點，在霧社國小舉行秋季運動
會時，莫那魯道率眾突襲衝進操場，殺死日人
134人，是為霧社事件之發端。

(6)修羅場：修羅，即佛教的Asiulo，修羅場意為血
肉橫飛的戰場。

(7)泰雅姐妹：霧社一帶的山地原住民屬泰雅族。霧
社原住民長期受不了日本警察的苛刻役使，被剝
削與侮辱而起來武裝抗爭。結果日本動員軍警飛
機大砲殘殺之外，婦女多上吊自殺，狀極悽慘。

第6首

古版詩文⁽¹⁾無人緣⁽²⁾，

Qobàn sivǔn vor langyǎn .

白話文筆⁽³⁾Veh 變天⁽⁴⁾，

Bẹhwe vunbit vēh biàntēn.

鄉土文學⁽⁵⁾母語文，

Hiong tò vunhāk vōrgīvǔn.

手寫嘴講⁽⁶⁾本該然⁽⁷⁾。

Chiùsià chụiqòng būn qairěn。

舊式文言的詩和文詞跟一般
大眾毫無關聯。

白話文學革命，它的筆桿將
引發文學變天。

鄉土文學提倡用母語寫作。

嘴説的用手(筆)寫出來，筆
舌(言文)一致本來是應該的。

註解

(1)古版詩文：古式的文言文和詩詞。台灣一直到
1920年代，日治之下沿襲清代以來中國的文言詩
詞，只有極少數人在自我陶醉。一般大眾無緣問
聞，以致文盲多，民智愚昧，文化落後，乃有新
舊文學之論爭。

(2)無人緣：沒人氣，不受歡迎，不受接納。

(3)白話文筆：白話文學的筆桿。1920年代，黃呈聰、黃
朝琴先後為文提倡有關普及白話文，改革漢文。<台

199

灣民報>倡導白話文，引發新舊文學的論戰。

在十幾年(1923~32)的論戰中，板橋人張我軍(名著<亂都之戀>)寫了一系列評擊舊文學的文章。陳逢源在<南音>批判舊詩社已成為鴉片窟，諂媚權貴的工具。

至是舊文學派才偃旗息鼓，而台灣的新文學運動熱烈地展開。

(4)Veh變天：veh；要，想要。訓用字為“欲”或“要”。

與“變天”連讀而由veh變調為vēh(第四聲變第八聲)。

Veh變天：意為時代或情勢要改變了。

(5)鄉土文學：指台灣本土的文學，即用台灣人的母語寫台灣本地的文學作品。

新文學運動旨在提倡白話口語文學。台灣的口語自然是台語(福佬話)，因而引爆了台灣話文，鄉土文學的大論戰。

其中著名的論述有：黃石輝(屏東人)的「怎樣不提倡鄉土文學」，和郭秋生(大稻埕江山樓的經理)的一系列<建設台灣話文>。1932年<南音>雜誌特闢專欄討論台灣話文。這時期台語文關連的名作

有：賴和的<彫古董>，<一杆稱仔>，<鬥鬧熱>，守愚的<顛倒死>，秋洞的<放屎百姓>等不下70餘篇。

(6)手寫嘴講：即手寫的是嘴巴所講的，意為言文，筆舌是一致的口語文。

(7)本該然：本來就是應該那樣(做)的。該然，即必然，例，該然安爾(qairiǎn/rěn aīnē/nī)，必然會這樣。安爾：這樣。

【第 20 篇】昭和興衰(下)20 年(1926~1945)

第 1 首

台語歌曲當[1]流行，
Taigì quakiek dng liuhěng.

桃花泣血[2]訴真情[3]，
Torhuē kīphiat sò tsintsěng.

七字歌仔[4]念心適[5]，
Chītriqua-à liạm sim sek.

文藝團體結聯盟[6]。
Vunge tuantè kiāt lianvěng。

一九三〇年代、台語的歌曲
正在流行。

「桃花泣血記」這支歌，訴
述的是戀愛悲劇的苦心真情。

七字一句的通俗韻文、讀起
來像念歌很有趣。

許多文藝團體團結起來，共
同組織「台灣文藝聯盟」。

 註解

(1)當：台語白話音讀(dng)，正在~。例，花當開
(kūi)：花正盛開。日頭當炎(yam)：太陽正炎熱。

(2)1930年代著名的台語歌曲紛紛出籠，例如：月夜
秋，望春風，雨夜花，農村曲，心酸酸……。桃
花泣血：指第一首台語名歌曲「桃花泣血記」。
1932年詹天馬作詞，王雲峰作曲，歌詞用七字歌

謠的形式寫成。

(3)訴真情：訴說真情實愛的重要性，「戀愛無分階級性，第一要緊是真情」。

(4)七字歌仔：用通俗的台語口語，七字一句，句尾押韻，讀起來像念歌，惟不是歌曲的歌詞。這種口語韻文叫「歌仔」(qua-à)，用一個主題(歷史故事，戀愛，勸世等)寫成小冊子(明信大，十幾頁)，叫「歌仔冊」。

(5)念心適：心適(simsiek)，有趣，好玩。念起來很有趣。例如：『念歌算是好代誌，讀了若(na)熟加識(vat)字，穡頭(sīt tǎu，工作)咱若做完備，閑閑通 (tang) 好念歌詩。學念歌仔卻也好，獪(ve/vue)輸佮(qāh)人讀暗學(夜校)，日時穡頭做清楚，閑閑通好念tīt/chīt tǒr (玩)。』

(6)文藝團體：1931~34年間，台灣新文學運動蓬勃發展。台灣新民報發行日刊後，台灣藝術研究會、台灣文藝協會成立，「南音」、「福爾摩沙」、「先發部隊」、「第一線」等相繼創刊。文藝界乃於1934年5月結成「台灣文藝聯盟」，前後刊行「台灣文藝」誌65期。

第2首

水力發電⁽¹⁾日月潭
Tsūilēk huātden Ritguat tăm.

八田與一⁽²⁾惠嘉南，
Bātděn Yīyit hui Qalăm.

選舉議員⁽³⁾假有心，
Suānqī giwǎn qē wusīm.

紀念始政⁽⁴⁾展博覽⁽⁵⁾。
Qīliam sītsěng dēn pōklàm。

日月潭水力發電廠的第一期
工程終於竣工了。

八田與一主持建設的烏山頭
水庫及嘉南大圳水利工程，
嘉惠了嘉南地區的農漁民。

總督府舉辦的首次投票選舉
議員並非真有心，勿寧是一
種假民主。

為了紀念統治台灣四十年，
總督府舉辦了博覽會。

 註解

(1) 水利發電：電力是現代化不可或缺的主要能源。
日治時代台灣的水力發電首要的是日月潭水力發
電廠。它的第一期工程從1919年開工，1926年停
工至1931年復工。於1934年6月持續了15年才完
工，最大發電力10萬千瓦(kw)。

(2) 八田與一：Hatta Yoyichi，被尊稱為「嘉南大圳

204

之父」，日本金澤市人，東大畢業後即來台任職(1910)。九年後受命興建(台南)烏山頭水庫和給水路、排水路的嘉南大圳工程，於1930年竣工通水。嘉南地區15萬甲的田畑有了充沛的水量，又解決了洪水和鹽害問題，且實現了「三年輪作」法，水路長達8720公里。八田於1942年搭軍艦往菲律賓途中，遭受美國魚雷擊沉喪生，年56歲。其妻外代樹於戰後1945年9月，在水庫送水口投水自盡。現在水庫邊有八田坐姿銅像受人景仰。

(3)選舉議員：總督府於1935年對地方政府大幅改革，設州會，市會和街庄協議會。
同年11月實施議員選舉；限男子25歲，繳年稅5圓。惟只選議員半數，另半數官方指定，行政首長兼議長，議會無決議權，只限諮議而已。不過，這是台灣人首次參加選舉投票。

(4)紀念始政：日本領台後，1895年6月17日在台北舉行始政式，是日為始政紀念日。1935年是始政40周年，舉辦紀念始政的博覽會。

(5)博覽會；指始政博覽會，1935年10月10日起50日。第一會場在中山堂，第二會場在台北新公園(現二二八和平公園)。展示品包括台灣，日本，朝鮮，滿州，華南和南洋，約36萬件。

第3首

日軍悾氣[1]佔滿州[2]，
Rìtqūn kongkị tsiàm Vuāntsiū.

全面戰爭[3]Di 時[4]休，
Tsuanvin tsiàntsēng dịsǐ hiū.

武官翻頭[5]做總督，
Vūquā^n huantǎu tsòr tsōngdok.

台灣可比[6]大戰場。
Taiwǎn kōrbì duạ tsiàndiǔ^n。

日本關東軍懵懂瘋狂地侵略佔領了滿州地方。

日本發動中日戰爭，又擴大為對美、英、荷的全面戰爭，甚麼時候才會結束？

軍人武官回頭又做起台灣的總督來了。

大戰末期、台灣被捲入戰爭的旋渦，變成一大戰場。

註解

(1)悾氣：kongkị，瘋狂，失去理智的行動，又說悾欺氣(kongkamkị)。悾，起悾(悾字又作倥)；起痟(siàu)。

(2)滿州：中國在清朝滅亡後，改稱為"東北"，戰前是"東北九省"，中共以後叫"東三省"。其實是滿州人，即女真族的故地。

(3)全面戰爭：指日軍發動九一八事變，侵佔滿州扶

植滿州國(1932)。又爆發蘆溝橋事件，引起中日戰爭(1937)，再偷襲珍珠港，爆發太平洋戰爭。

(4)翻頭：huantău，即回頭，轉過身來。指武官復權再次任台灣總督。1936年9月起至1945年8月、日本投降戰時中，三個武官總督為：小林躋造、長谷川清和安藤利吉。

(5)Di 時：甚麼時候，di或寫成「底」(di/de)。

(6)可比：比喻，好比，就像~。台語說"那親像"，(nā chinchiu^n)：儼然。可比講：比方說，又「可比小妹妖嬌佮古錐(qōtsūi)」；就像小妹子那樣嫵媚又可愛。

第4首

三化政策⁽¹⁾滾火球⁽²⁾，
Samhuạ tsèngchek qūn huēqiǔ.

皇民奉公⁽³⁾亡恩仇⁽⁴⁾，
Hongvǐn họngqōng vong yinsiǔ.

戰時生活⁽⁵⁾艱苦渡⁽⁶⁾，
Tsiànsǐ senwāh qankō do.

傳統文化⁽⁷⁾碎鹽溶⁽⁸⁾。
Tuantōng vunhuạ chùiyam yiǔⁿ。

小林躋造總督推動皇民化，工業化和南進基地化的「三化」政策，如火如荼地展開。

強制台灣人變成日本天皇的臣民，從事義務奉公而忘卻了恩仇之念。

台灣人處在戰時中的生活，陷入極度的困苦狀態。

傳統的文化，如神佛信仰、過年、歌仔戲、布袋戲都被禁止。

 註解

(1)三化政策：小林躋造就任總督（後期首任武官總督）的翌年，中日戰爭爆發，積極推動統治台灣三原則：皇民化、工業化和南進基地化的所謂「三化政策」。強制改造台灣人為日本皇民（改日式姓名，禁止台語……），加強工業發展，建設台灣成為日本進軍南太平洋的基地。

(2)滾火球：喻戰時推動的政策如火如荼，就像火球在滾動。

(3)皇民奉公：包括皇民化運動與皇民奉公會運動兩層意義。

①皇民化是同化政策的加強。第一次大戰後，文官總督為試行法制上的內地延長主義，使台灣人與日本人同化以消弭台灣人的民族意識。然而，即使台灣人會講日語、穿和服、吃壽司，其精神結構，意識本質終究不是日本人。在侵華戰爭熾烈時期，難保台灣人不會挺身「助華反日」。為了使台灣人對戰爭協助，小林總督於1937年9月設立組織，推行皇民化運動。隨即徵調軍伕，實施志願兵前往南太平洋「以夷制夷」(對付華僑)。

②皇民奉公會；1940年10月，日本國內成立「大政翼贊會」，支援政府遂行戰爭的國策，其風潮波及台灣。總督起而响應，為了宰制台灣人，於翌(1941)年4月成立「皇民奉公會」組織。其組織與總督府以下各級地方行政組織完全重疊。同時期並成立各種奉公隊投入「聖戰」行列。

(4)亡恩仇：日本人和台灣人之間的恩義情仇怨恨，尤其台灣人被壓迫剝削、殘殺仇恨至深。此時，

在全面戰爭時期，同坐一條船，恩和仇都放下吧。
亡，即忘，忘了，沒了。

(5)戰時生活：大戰時期進入戰時體制下，台灣雖非戰場，卻成了太平洋戰爭的軍需基地。在經濟統制政策之下，生活物質極度匱乏，渡日艱難。

(6)艱苦渡：艱苦，原意生病，又謂艱難困苦。生活足艱難，生活很困苦。艱苦渡，意謂日子難過。

(7)傳統文化：指台灣人拜神佛祖先、過舊曆年、看歌仔戲、布袋戲……等。

(8)碎鹽溶：支離破碎，此處意指被禁止得一無是處，破碎不堪。

第5首

戰時体制[1]總動員[2]，
Tsiànsǐ tētsẹ tsōng dọngwǎn.

空襲警報[3]捷捷傳[4]，
Kongsīp qēngbọr tsiạptsiạp tuǎn.

學校關門[5]生徒苦[6]，
Hạkhau quaiⁿmǐng sengdǒkò.

南洋出征[7]去無還[8]。
Lamyiǔⁿ chūt tsēng kị vorhuǎn。

中日戰爭爆發後，台灣軍司令部隨即宣佈進入戰時体制，設置國民總動員本部。

戰爭末期、美國軍機頻繁地來台空襲、轟炸各地。

空襲時期，學校全面停課，學生被迫協助農作，或被徵調充學徒(生)兵。

台灣人志願或被徵兵前往南洋戰場，多一去沒生還。

註解

(1)戰時体制：1937年7月，日本發動侵華戰爭的翌
月，台灣軍司令部宣佈台灣進入戰時体制。翌月
設置國民總動員本部。
戰時体制下，尤其是太平洋戰爭發生後，產業大
轉變，製鐵、機械、化工、金屬(製鋁)等重工業
紛紛出現，急速地工業化。

一方面，由於戰爭總動員，實施經濟警察制度，經濟統制，連言論也受統制。

(2)總動員：戰時中，台灣雖非戰場，卻必須協力日本對華南及南洋的戰爭，提供軍需物資以及人力，勞務奉公。即連小學生也要參加種蓖蔴、插秧、種蔬菜……，參與皇民奉公會的行列。

(3)空襲警報：1943年11月以後，美軍機乘其在太平洋戰勝的餘威，侵入台灣上空轟炸各地。晚上燈火管制，飛機來襲即拉警報(叫dan水螺)，逃入防空壕。

(4)捷捷傳：捷捷(tsiap tsiap)，很頻繁，不斷地。即警報頻傳。

(5)學校關門：空襲時期(1943年11月~1945年夏天)，總督府命令兒童疏散，(1944)學校關門大吉。後來雖恢復授業，卻在郊外臨時房屋或露天樹下。學校就充作臨時軍隊病院舍。

(6)生徒苦：空襲時期，學生能上課的人，及時間少得可憐。一方面卻要協力參加生產勞動工作。年紀大一點的則出征充「學徒兵」，女生則充臨時護士。

(7)南洋出征：日本帝國的軍人是一種榮譽的身份，
台灣人無資格當，卻只能做勞役，差使，亦即充
當軍屬(文職)，軍伕(勞役)，沒地位。因而，與其
被徵調做軍中苦役不如「志願」，乃有志願兵制
度。太平洋戰爭爆發(1941年12月)4個月後，開始
實施志願兵制。

1944年8月，台灣進入戰爭狀態，翌月正式實施
徵兵制度。根據1973年日本政府所發表，當時出
征參戰的軍人約8萬多名，軍屬和軍伕約12萬7千
名，總共約21萬名。其中戰死者約3萬名，生還
及死傷者的"善後"問題，由東京的王育德教授做
中心挺身推動「台灣人原日本兵補償」運動始得
初步處理。

日本政府國會特別立法撥六百億日圓，每人暫補
償200萬圓。(詳見拙著《尋夢記》第13篇)

(8)去無還：出征南洋各地，戰死者不少，"有去無
倒轉(dńg)來"，沒回來。

第 6 首

不沉航空[1]大母艦，
Būtdĭm hang kōng duạ vōrlam.

工業超農[2]維兵站[3]，
Qanggiāp chiaulŏng wi bengtsam.

台拓公司[4]全掌管，
Taitok qongsī tsuan tsiāng quàn.

國府劫收[5]攏總攬[6]。
Qōkhù qiāpsiū lōngtsōng làm。

台灣屹立在西太平洋，太平洋戰爭時，儼然像一艘不會沉沒的超大型航空母艦。

工業的生產額超過了農業的生產，成為戰時中的兵站。

台灣拓殖公司作為遂行南洋戰爭的國策公司，掌管台灣、南洋各地的產業業務。

戰後國民政府軍佔領台灣時，台拓的龐大億兆資產，統統被接收掉了。

註解

(1)不沉空母：任何巨大的航空母艦總會被擊沉的，惟獨像台灣這種海上巨島是不會被擊沉的。作為日本帝國最南端的領土，扮演日軍南進華南及南洋的基地，不啻是一艘不沉的巨型航空母艦。

(2)工業超農：台灣的工業生產額，在中日戰爭爆發後急激倍增，到了太平戰爭後，超越農業生產的

1.15倍，亦即台灣已經進入工業化了。

(3)維兵站：兵站即戰時在前線和後方間担任人馬，
軍需物質調配的機關或場地。此處指維繫，保持
兵站任務。

(4)台拓公司：即「台灣拓殖株式會社」，於1936年
11月，設立的半官半民的國策公司。
除了台灣的熱帶產業的"拓殖"，華南的佔領地的
開發以及印度半島、印尼、新加坡、馬來各地的
農產、礦產、橡膠、石油、棉花……幾乎無所不
包，介入經營。

(5)國府劫收：戰後蔣介石的國民政府軍佔領台灣時，
台拓公司在台的全部資產統統被接收，後來甚至
演變成國民黨的黨產。根據「台拓財產接收清冊」
移交換算現金約十億日圓(當時米1公斤10日圓)。
1991年的幣值則3兆數千億圓，(參看參與台拓創
立的幹部三日月直之(Mikage Naoyuki)著《台灣拓
殖會社及其時代》P446。

(6)攏總攬：攏總，即全部。攬(làm)，用胳膊圍住，
把持，台語又說a^n；即不讓人奪去。

【附篇】生死交關 (1945〜1950)

第1首

蔣軍抗日無意志[1]，
Tsiuⁿ qūn kòng Rīt vor yìtsì .

開鑼会議[2]來瞞伊[3]，
Kai-lǒr hueĝi lai mua yi.

羅斯福無知賣台[4]，
LorSuhok vordī ve̞Tǎi.

秋済亞猶 Vat 道理[5]。
ChiūTsiè-ǎr yāu vāt do̞rlì。

蔣介石原本就沒意思跟日本戰爭，這時 (1943) 有可能單獨跟日本媾和。

為了要蔣維持對日戰線，美英召開開羅會議邀蔣參加。

羅斯福對遠東及台灣的地位認識不清，而想出賣台灣。

邱吉爾倒是懂得道理，反對在開羅會議處理戰後的領土問題。

 註解

(1)抗日無意志：蔣介石為了對付中國共產黨，原本就沒跟日本打仗的意思。西安事變(1936)時被逼声称要抗日，但是中日戰爭爆発後，國府軍一直逃退到重慶。四年後，美國因日本偷襲珍珠港(1941年12月)而对日宣戰，之後蔣才正式對日宣戰。

到了1943年，太平洋和欧非的戰況對盟軍節節有利，唯独中國戰場被奚落，蔣介石不滿而想和日本單独媾和。

(2)開羅会議：1943年11月尾，美英兩國首腦在埃及開羅召開作戰会議，以便儘早解放法國。惟蔣介石不滿中國戰場被輕視，而有可能跟日本單独媾和。

羅斯福不得已邀蔣參加(邱吉尔則反对)。会議時羅‧蔣兩者会談多次而邱羅蔣三者会談少。

結果雖然発布了所謂「開羅声明」(Statement並非「宣言」Declaration)，它并非條約，所以說要將日本自清國"窃取"(事実是訂約「割讓」)來的台湾「歸还」(台湾不曾屬)中華民國。這個「政策性」的声明并沒人簽署，況且英國不贊成。詎料戰後這個声明卻被曲解，而綁架台湾成為蔣家亡命政権的殖民地。

(3)瞞伊：即哄騙他(蔣介石)。羅斯福為了牽制蔣介石継续維持对日本的戰線，不惜要出賣台湾給蔣當禮物，換取蔣的歡心。

(4)無知賣台：台湾在東亞，尤其西太平洋的戰略地位的重要性，不但扼住中國進入西太平洋，更處在南北航路的枢紐点，自古以來為兵家必爭之地。羅斯福不明這種形势的重要性，輕言要把台湾送給(出賣)蔣介石。

(5)Vat道理：懂得道理，Vat：認知、懂得。

邱吉爾與羅斯福於1941年8月14日曾簽署「大西洋憲章」，確認此次戰爭絕無意拡張領土。而且領土的变更必須尊重當事者的自由意志。

然則「開羅声明」裡要变更領土，卻并沒問過当事者台湾和日本的意見。邱氏堅決反对羅蔣兩人的「私相授受」！

第2首

冰山作戰[(1)]勝堤道[(2)]，
Bengsuaⁿ tsōktsẹn sèng tedor.

馬帥[(3)]倒轉[(4)]呂宋島，
Māsuẹ dòrdǹg Lụ-sòng dòr.

台湾錯失解放時[(5)]，
Taiwǎn chòrsit qāihòng sǐ.

琉球歹運[(6)]陷戰禍。
Liu-qiǔ pāiⁿwun hạm tsènhor。

冰山作戰的計劃勝出堤道作戰的計劃而實行了。

馬克阿沙統率的联合國陸海軍回到了菲律賓。

美軍要攻佔台灣的堤道作戰計劃胎死腹中，以致台灣錯失了解放的機宜。

美軍攻佔菲律賓後，繞過台灣向北挺進，全面攻擊琉球。

註解

(1)冰山作戰：太平洋戰爭末期，美軍反攻日本本土的戰略計劃之一。由馬克阿沙指揮的联合國陸海軍從澳州沿新幾內亞，印尼攻佔菲律賓。然後繞过台湾進攻琉球。

(2)堤道：指堤道作戰，美海軍提督尼米茲魔下的美國陸海軍，從夏威夷经由中部太平洋西進攻佔台湾，然後進入中國大陸，再攻擊日本本土。

(3)馬帥：即馬克阿沙元帥(1880~1964)，太平洋戰爭爆発時(1941)駐留菲律賓，被日軍擊敗逃往澳州。1944年任聯軍總司令，指揮对日本反攻作戰，先解放菲律賓，後登陸日本(1945)。

(4)倒轉：台語dòrdng，即返回，回來。馬克阿沙在菲律賓被日軍擊敗要逃離時說了一句「名言」：「I shall return」，即我一定要回來。

(5)錯失解放時：意即美國反攻日本的堤道作戰計劃未能実現，以致美軍未能攻佔台湾，讓台湾解放。戰後台湾才被蔣介石佔領而陷入被殖民統治的命運。

(6)歹運：pāiⁿwun，意為倒霉。指美軍反攻日本本土時，以琉球為跳板，於1945年4月発動總攻擊達2個月之久。琉球被摧殘死傷慘重。

第 3 首

原子炸彈滅人性[1]，
Guantsù tsàduǎⁿ viạt rinsǐng.

原子彈炸毀廣島和長崎，死亡慘重，滅絕人性。

日本慘敗險絕症[2]，
Rịtbùn chāmbǎi hiām tsuạt tsěng.

日本被原子彈轟炸而慘敗，國家頻於滅亡。

美國粗心[3]蔣奸鬼[4]，
Vīqok chosīm Tsiùⁿ qanqùi.

美國對大戰的善後處理非常粗心大意，讓蔣介石的侵佔台灣鬼計得逞。

陳儀焉來[5]草鞋兵[6]。
Dan-gǐ chuạlǎi chāu-e bēng。

陳儀被蔣介石派來台灣，代表聯軍接受日軍投降，他的軍隊都是穿草鞋的難民兵。

註解

(1)滅人性：原子彈的殺傷力是毀滅性的，無差別的大規模屠殺，完全泯滅人性。

(2)險絕症：險，差一点児，險些。絕症，即不能治療（治不好）的病症。此処意指差一点児亡國滅族。

(3)美國粗心：指美國对戰後的善後處理粗心大意，被蔣介石以可乘之機。馬克阿沙任联軍統帥，在

台日軍是对联軍投降，卻被誤解為对蔣介石投降，以致戰後台湾被蔣軍所綁架而災難不斷。

(4)蔣奸鬼：蔣介石利用被邀出席開羅会議，戰後企圖攫取台湾。

(5)炁：台語音為chua，意為引率，帶領。例：炁路，帶路。

(6)草鞋兵：戰後，國府派來佔領台湾的部隊都是穿草鞋，挑扁担雨傘、鍋釜，形同難民的士兵。台湾人列隊去歡迎大為失望，不敢相信雄糾糾氣昂昂的日本兵真的被草鞋兵打敗了。

第4首

一般命令第一號[1]，
Yītbuaⁿ vẹnglĕng dẹ yīthor.

軍事佔領鑄大錯[2]，
Qunsụ tsiàm nià tsù dụachọr.

國党[3]非法乱窃據[4]，
Qōkdòng huihuat luạn chiāpqụ.

妾身[5]今後何所靠[6]。
Chiāpsīn qimau hŏr sōkọr。

馬克阿沙在東京接受日本投降時，向日本發布的第一號命令。

在台的日軍依據這項命令向代表聯軍之一的蔣介石投降，蔣軍佔領台灣鑄成後來的悲劇。

中國國民党軍雖接受日軍投降，卻非法對台灣作長期的軍事佔領統治。

台灣在國府軍的佔領統治之下，法律地位一直未定，何去何從。

註解

(1)一般命令第一号：二次大戰結束後(1945年)的9月
2日，联合國軍統帥馬克阿沙帶同八個國家的軍
事代表在東京接受日本投降時，對日本發布的「
一般」(第一号)命令。

這道命令中有一款規定『日本在中國(滿州除外)，台湾和北緯16度以北的法屬印支半島(越南)的日軍須向蔣介石大元帥(联軍代表之一)投降。蔣介石據此派陳儀來台湾接受投降。

事實上，在台日軍是向联軍(陳儀代表蔣介石，而蔣則代表联軍)投降，而非"衹"向陳儀的國府軍投降。詎料陳儀卻不止受降，竟而軍事佔領，接(劫)收財物進行窃據台湾的非法統治。

(2)鑄大錯：tsù dua̍ choʳ ；即鑄成悲劇的重大錯誤。指陳儀所帶領來台的軍隊與联軍代表共同接受日軍的投降，依規定受降後進入休(停)戰狀態，滿3個月後就該撤離(越南正是)。但陳儀竟非法「接收」，佔領(窃據)又統治台灣，造成日後「二二八」事变，台湾陷入万劫不復的境地。

(3)國党：指中國國民党，蔣介石所領導的統治中華民國(國府)的政党，已経变質為蔣家党。

(4)乱窃據：陳儀於接受日軍投降後，立即発出「行政長官(陳儀)第一号命令」交給日本總督安藤利吉，"任命"安藤為「日本地区官兵善後連絡"部長"」。隨即宣布即日(10月25日)起，台湾和澎湖"正式重入"中國版圖。這樣開始非法窃據

台湾的領土，進行接收日本政府與民間所遺留的公私土地、資產、設備和龐大金錢。

(5)妾身：指台湾的地位，台湾人的身份。
投降和受降的儀式祇象徵表示戰爭正式結束(難保戰鬥再起)。而領土的変更必須依據勝敗双方當事者所簽定的和平條約為準。如今只不過是「受降」竟就非法併吞第三者的土地(台湾)，更荒唐的謊稱台澎"重入"中國版图。

(6)何所靠：意謂台湾離開了日本的統治，卻陷入國府的軍事佔領統治，都沒問過台湾人的意願。台湾人未経参與和平会議訂約，就被國府謊言曲解硬霸佔。台灣人不受尊重而再度被殖民差別統治，前途茫然。

第 5 首

三不施政⁽¹⁾緊破功⁽²⁾，
Sambut si tsẹng qīn pòrqōng.

陳儀在來台時發表施政不撒謊、不偷懶、不揩油的"三不"很快就破棄了。

美國糊塗⁽³⁾是幫兇⁽⁴⁾，
Vīqok hodǒ sị banghiōng.

美國對陳儀非法把台澎變成中國領土，不抗議等同是幫兇。

國府霸道⁽⁵⁾吞台湾，
Qōkhù bàdor tun Taiwǎn.

國府明目張膽地非法侵併台灣，完全是霸道行為。

金山解放⁽⁶⁾suāh 掠狂。
Qimsān qāihọng suāh liạhqǒng.

舊金山和約規定日本放棄台澎的主權，是台灣被解放，國共雙方都不安起來了。

註解

(1)三不施政：陳儀在台灣受降後發表施政「不撒謊、不偷懶、不揩油」的三原則。他說台灣人已恢復中華民國的國籍是最大的謊言。

如所周知，中華民國成立(1912)時，台灣屬日本領土，一直到1952年舊金山和約生效，台灣人的國籍在法律上仍屬日本。

陳儀政府統治台灣不但大偷懶，還大揩油也大貪污，以致才一年就發生了「二二八」民變。

(2)緊破功：緊(qìn)、快也、很快。破功(pòrqōng)，即敗壞，事功被破棄。

(3)美國糊塗：指美國默認陳儀政府的作為，未經國際條約的手續擅將台澎編入中國版圖，將台灣人的國籍改變為中華民國國籍等違反國際法的行徑。這何異是裝糊塗，而不是幫兇？

(4)幫兇：間接幫助他人作惡犯罪的共犯或犯人。

(5)霸道：bàdor，強行不講理，蠻橫，亦即apbạ→àbạ(壓霸)。指國府以戰勝國自居，利用「戰勝」者的權勢對敗者日本的予取予求，心目中全無國際法，恣意侵吞台灣。

(6)金山解放：1951年9月初，在美國舊金山簽訂的聯合國對日本的和平條約，第二條規定；日本放棄對台灣的一切權利(主權)，而未明言放棄給哪一國。時國府和中共均未參加舊金山和會，當然與兩個中國無關。這個規定，在翌(1952)年4月28日，國府跟日本在台北簽訂的「日華」雙邊和約規定予以承認。可見這就是台灣的解放，跟哪個中國都沒有關係。

(7)Suah掠狂：Suah，意為沒想到，意外地，竟然是。例，suah無及格；沒想到會不及格。漢字可訓用"竟"。掠狂(liạhqǒng)；慌張起來，或發狂。

第6首

狗去豬來[1]滿街市，
Qàukị dīlǎi muā qechi.

台灣贏輸[2]攏毋是[3]，
Taiwǎn yiⁿ sū lōng m̩ si.

五子登科[4]大劫收[5]，
Gōntsù dengkōr duạ qiāpsiū.

三民主義好擤鼻[6]。
Samvǐn tsūgi hōr chèng piⁿ。

狗走掉之後豬來了，滿街滿路都是(豬)。

台灣人在戰後，到底是戰贏或戰輸的哪邊？其實都不是！

有如五個兒子登上金榜，來台接收日本"敵產"的軍政官員擁有了五種重要事物。

國府號稱實施三民主義，卻貪腐無能，而有流言讖語，說三民主義如同鼻涕可以擠掉了。

註解

(1)狗去豬來：狗走了，接著是豬來。戰後台灣人對來台的中國人的行為看不慣，跟日本的守法和教養兩相比較非常失望。將日本人比喻愛乾淨，忠於職守的狗(日本狗，四腳仔)，而將中國人則比之為骯髒又貪吃懶惰的豬。將日本人走了，中國人來了諷刺為「狗去豬來」。

(2)贏輸：打仗贏或輸，是戰勝國民或戰敗國的國民。台灣人被夾在兩者之間，莫衷一是。卻毋寧是戰敗國民，才被中國人殖民統治。

(3)攏毋是：攏，lòng，全部，都。毋是，m̄ si，不是，不對。意即既非勝者也非敗者。

(4)五子登科：原義為五個兒子登上了科舉的金榜。這裡挪揄五子指：金條(金子)，汽車(車子)、洋房(房子)、地位(位子)、美女(女子)，統統都到手了。

(5)大劫收：行政長官公署接收的頗多進入私囊變成劫收。日本官民被劫收的除土地以外，企業部分(A)官有約29億，(B)私有71億多，(C)個人企業約9億。合計約110億。其中一部分變成國民黨黨營(黨產)。按1945年總督府的年度預算為：8億2,800萬日圓。此外軍方所接收的武器，飛機，艦隻更不計其數。金融機關以及一般行政、教育機關等資產的接收幾難估算。

(6)好擤鼻：當成鼻涕擤掉，排除好了。喻鄙視三民主義的中國政治文化毫無價值，如同鼻涕。

第7首

哀風血雨[1]二二八[2]，
Aihōng huēhwù rǐrǐbat.

二二八事變的爆發，風傳哀號聲，血流如下雨。

唐山黨軍[3]來屠殺[4]，
Dngsuāⁿ dōngqūn lai dōsat.

蔣介石從中國大陸派來的國民黨軍登陸台灣，即無差別地濫行屠殺無辜。

神泣鬼吼地獄圖[5]，
Sǐnqip qùihàu deˍgaˍk dǒ.

鬼神或哭泣或怒吼悲慘的人間，形同一座地獄。

蕃薯出塗[6]受蹧踢[7]。
Hantsǐ chūt tǒ siuˍ tsautat。

台灣人正要出頭天的時候，不意受盡了凌辱與壓迫。

註解

(1)哀風血雨：喻「二二八」時，中國軍屠殺台灣人，哀號的聲隨風傳來，流的血像下雨般地多。據調查研究，1947年3月初的1個多禮拜，被屠殺死傷的台灣人(頗多是精英分子)近三萬人。

(2)二二八：1947年2月28日發生的台北市群眾抗議政府對於前一天(27日)傍晚，查緝私菸人員誤殺群眾而不處理所引爆，擴大全台的抗暴民變事件。

(3)唐山黨軍：唐山(Dngsuā^n)指中國大陸。黨軍，指中國國民黨的軍隊，時為蔣介石的黨軍。3月8日，憲兵團2千名及劉雨卿的21師約1萬多名軍隊抵達基隆後，即展開無差別的大屠殺，從北而南一路殺下來。

(4)屠殺：蔣介石所派遣的軍隊自基隆向南部一路濫殺下來，駐守高雄的殺人魔彭孟緝也大開殺戒，殺得眼紅。

(5)地獄圖：二二八時，台灣人在中國土匪兵的南北夾殺之下，簡直是一幅人間活地獄圖。

(6)蕃薯出塗：喻台灣人在戰後原本要出頭天了。蕃薯，台灣地圖有如蕃薯，比喻台灣人。

(7)受蹧蹋：遭受到踐踏、欺壓、凌辱。

第8首

清鄉(1)戒嚴(2)展獨裁，
Cheng hiōng qàigiǎm dēn
dọkchǎi.

國府軍大軍壓境來台大屠殺、大逮捕，並宣布戒嚴，隨即又宣布「肅奸」、「清鄉」，展現了猙獰的獨裁統治。

亡國集團(3)逃命來，
Vongqok tsịp tuǎn dormiā lǎi.

蔣軍在中國內戰兵敗如山倒，中華民國被中共消滅。國府集團逃亡到台灣來。

乞食忘恩(4)趕廟公(5)，
Kīttsiāh vongyīn quāⁿ viorqōng .

國民黨集團劫後餘生逃來台灣。原本是乞丐幫，寺廟收留他們，反而把廟主趕走。

反共抗俄神主牌(6)。
Huān qiong kòng Gǒⁿ sintsū bǎi。

亡命台灣的國府集團，乃供奉"反共抗俄"的牌位來操弄台灣人民。

註解

(1)清鄉：二二八大屠殺，藉口台灣人被日本人奴化教育，中共煽動，誣告台灣人要求改革是要奪取政權，推翻政府。接著為了徹底肅清"奸黨"而進行"清鄉"，實即任意抓人，殺人的白色恐怖。

(2)戒嚴：蔣介石派大軍抵台鎮壓、屠殺。隨即(3月9日)借口共黨攻擊軍警機關而宣布戒嚴。

(3)亡國集團：國共內戰到1949年10月，蔣軍完全崩壞，中華人民共和國成立，而中華民國亡命到台灣。

(4)乞食忘恩：指國府集團有如逃難的乞丐集團，被台灣人收留後，卻忘恩負義反過來欺壓台灣人。

(5)趕廟公：廟公指台灣人，他們好心收容了走路(逃亡)的國府集團，結果反倒被欺壓(趕出廟門)。

(6)神主牌：蔣介石集團被趕出中國大陸亡命到台灣後，蔣依法無據"復職"，再做總統至死，其間長期戒嚴(1949~1987)38年。凍結憲法，掛洋頭賣狗肉謊稱台灣為「(不)自由(非)中國」，實施「反共抗俄」為基本國策。那不過是一片神主牌，用以咒縛台灣人民罷了。

國家圖書館出版品預行編目資料

七字仔詩細說台灣史 / 許極燉著. -- 初版. --
台北市：前衛, 2016.01
256面；15×21公分
ISBN 978-957-801-791-7(平裝)

1.台灣史　　　　　　　2.台語

733.21　　　　　　　　　　105000123

七字仔詩細說台灣史

作　　者　許極燉
責任編輯　許極燉
出 版 者　前衛出版社
　　　　　10468 台北市中山區農安街153號4F之3
　　　　　Tel：02-25865708　Fax：02-25863758
　　　　　郵撥帳號：05625551
　　　　　e-mail：a4791@ms15.hinet.net
　　　　　http://www.avanguard.com.tw
出版總監　林文欽
法律顧問　南國春秋法律事務所林峰正律師
總 經 銷　紅螞蟻圖書有限公司
　　　　　台北市內湖區舊宗路二段121巷19號
　　　　　Tel：02-27953656　Fax：02-27954100
出版日期　2016年01月初版一刷

定　　價　新台幣300元

*「前衛本土網」http://www.avanguard.com.tw
* 請上「前衛出版社」臉書專頁按讚，獲得更多書籍、活動資訊
　http://www.facebook.com/AVANGUARDTaiwan